U0053390
最重要的人生練習題——
認識命運、覺察幸福
柳絮 著
早知道一點，多了解一些，現在的你會不會有什麼不一樣呢？
是否你曾在人生的十字路口轉錯了彎，懊惱著當初的那個決定？
是否你也在夜深人靜時，對於自身遭遇的挫折感到沮喪無助？
又或者，你是還停留在那個分岔路口，遲遲猶豫不前的人呢？
透過22則與八字相關的人生篇章，
找尋改變你命運的潛在可能。
聯合推薦
米鹿 DeerDeer｜兩性&療癒系 YouTuber
森田琳｜諮商心理師
菲菲老師｜知名命理節目-八字命理專任老師
吳小米｜職涯規劃師、潛意識療癒師

前言

我的爸爸從大陸逃難到台灣，在中間過程歷經了往生親人托夢、得道高僧指路、觀音菩薩相助⋯⋯等等現代科學難以解釋的經驗，自然而然的他會相信命運，在青年時期的我覺得很納悶，「為什麼一個知識份子會如此迷信？」

機緣巧合，當我到中部工作的時候，有機會接觸到八字命理，引我入門的老師是位在家修行者，看過我的八字之後，他告訴我：「你的天份不是我能教的，希望你能將這個學術領域發揚光大。」，並介紹一些書籍讓我鑽研；經過諸多驗證的過程，慢慢的我由不信到漸信，由漸信到深信。

一個小小的力量我們很容易察覺，例如氣功師大喝一聲，徒手將釘打入木板當中；可是當力量大到某種程度時，我們就不容易察覺到了，例如日夜變換、四季推遷等，靠的是地球的轉動，可是地球在轉動，你能察覺到嗎？

有了八字的基礎，我們可以知命掌運，在逆境中努力充實自己，在順境中勇敢去實現理想，這樣才是正確的宿命論，才是正面的思考，也才能擁有滿滿的正能量。

如果你有緣看了這本書，如果你感受到了冥冥中那股巨大的力量，建議你可以進一步去思考，人為什麼會有命運？每個人出生的時候真的是一張白紙嗎？如果人揹負著東西來到人間，那麼因緣果報之說是不是真的存在？經過層層的思考和推演，看到這本書的人就有機會跳脫紛擾繁冗的現實，擺脫五官感知的束縛，去看看那些看不到的事物，聽聽那些聽不見的聲音，進而調整自己的想法和態度，思考自己人生的腳步該如何去走，如此，吾願足矣。

柳絮

目錄

八字小教室

1 Chapter 面對命運的心態，決定幸福的走向

2 Chapter 人生如戲

八字小教室

初探八字的奧秘，你的命運，
由你自己學習參透。

1／命盤

八字命盤

公元 2022 年

姓名：命盤解析 女
西元 2000 年 1 月 1 日 0 時
農曆 88 年 11 月 25 日 早子時

比肩	命主	食神	七殺	
甲 木	甲 木	丙 火	庚 金	天干
子 水	戌 土	子 水	辰 土	地支
癸 正印	戊 偏財 辛 正官 丁 傷官	癸 正印	戊 偏財 乙 劫財 癸 正印	
沐	養	沐	衰	歷程
將星		將星		神煞

自我 410		非我 230			
水 (印) 310	木 (比劫) 100	火 (食傷) 45	土 (財) 120	金 (官殺) 65	五行

陰陽	
0 陰	4 陽

地支分類		
2 正	0 生	2 庫

89	79	69	59	49	39	29	19	9	歲
丁 卯	戊 辰	己 巳	庚 午	辛 未	壬 申	癸 酉	甲 戌	乙 亥	大運
27	26	25	24	23	22	21	20	19	歲
丙 午	乙 巳	甲 辰	癸 卯	壬 寅	辛 丑	庚 子	己 亥	戊 戌	流年

要認識八字，首先要從看得懂命盤開始，我們以前面的命盤為例，分別解說其代表的意涵。

1. 四柱代表人的一生，可以比喻成植物的生長，在土裡生根、冒出幼苗、開花、結果。

■年柱為「根」代表幼年時期（庚辰）

■月柱為「苗」代表青年時期（丙子）

■日柱為「花」代表壯年時期（甲戌）

■時柱為「果」代表老年時期（甲子）

2. 宮位可以想像成我們住的地方

■年柱地支代表祖父母宮（辰）

■月柱地支代表父母宮（子）

■日柱地支代表婚姻宮／身宮（戌）
■時柱地支代表子女宮（子）

3.命主（甲）

命主又稱為日主，就是日柱的天干；根苗花果的花，是人生最重要的階段，所以用日柱的天干代表一個八字的主人，其他的七個字跟日柱天干產生的關係，也就形成八字的格局。

4.天干（庚、丙、甲、甲）

若把人的一生比喻成一場戲，那麼天干就是這部戲裡面所呈現出來的畫面，天干代表著人生舞台上主要的現象，是一個人一生的寫照，也是一個人一生所伴演的角色；天干是浮出檯面上的，是表象，是直接可以感受到的。

5. 地支（辰、子、戌、子）

有別於天干，地支是潛藏在底下的，可以比喻成一個人內心世界的想法，雖然平常沒有表露出來，但是蘊藏博雜，影響深遠；地支可以代表宮位，例如祖父母宮、父母宮、婚姻宮、子女宮等，從天干的表象看不出來，但是對日主（自己）卻是影響深遠。

6. 地支藏人元（例如辰中藏戊、乙、癸三個人元）

地支是宮位、是臟腑，地支藏人元就是住在宮位裡面的人，也可以說是臟腑裏面的器官；日主（自己）不為人知的一面，潛在的能力和特質，通通藏在地支的人元。

7. 大運（例如9歲～18歲走乙亥大運）

一個大運管十年，每個人的大運都不同，它是一顆掌管你十年的星，影響著你這十年的運勢。

8. 流年（例如19歲走戊戌流年）

一個流年管一年，流年是當年的值星官，對我們的影響最直接，每個人的流年都相同，只是產生的吉兇不同，要論準一個八字，需看完八字之後，再配上正在管你的大運及流年，便能看出今年發生什麼事。

9. 自我

可以想像成自己以及幫助自己的力量，自我力量強的人比較獨立，在個性上也比較有自己的想法。八字當中與日主相同的五行加上生助日主五行的力量稱為自我，也就是屬於日主一國的力量。

10. 非我

可以想像成別人的力量，非我力量強的人比較會去依賴他人，在個性上比較沒有主見。剋制日主的力量（例如官殺）、洩化日主的力量（例如食傷）、加上盜取日主的力量（例如財星）等五行稱為非我，也就是不屬於日主一國的力量。

11. 五行比重的計算（例如水的比重為310分，整個八字的總分為640分）

從八字中可以算出五行，也就是金、水、木、火、土的比重，算出比重之後再看這個八字的五行所對應的十神是什麼，我們就能大概推敲出這個人的性格了。

2 / 五行相生與五行相剋

○五行相生

金生水

水生木

木生火

火生土

土生金

○五行相剋

金剋木

一般用刀、斧、鋸子等工具來砍伐木材，而刀、斧、鋸皆爲金屬製品，故金剋木。

木剋土

樹木生長在土中，樹根可以貫穿土壤，以木固土，防止土石流發生。

土剋水

火剋金

3／四生、四正以及四墓庫

子、丑、寅、卯、辰、巳、午、未、申、酉、戌、亥，稱為十二地支，十二地支當中可分成三個部分，那就是子、午、卯、酉，稱為四正，寅、申、巳、亥，稱為四生，辰、戌、丑、未，稱為四墓庫。

十二長生歷程是五行與地支之間的關係，分別為長生、沐浴、冠、祿、刃、衰、病、死、墓、絕、胎、養，其中的長生就是寅、申、巳、亥四生，刃就是子、午、卯、酉四正，墓就是辰、戌、丑、未四墓。

寅、申、巳、亥四生就像是嬰兒剛剛出生、公司剛剛成立、事情剛剛露出徵兆、男女剛剛認識，換句話說，四生是萬事萬物的起源，萬事萬物的開端，它在預測未來的測象上，在流年的點斷上，佔有一席相當重要的地位。

看到了寅、申、巳、亥四生，我們必須建立一個觀念，那就是一件事情剛剛發生，它的後續必定充滿了各種不同的變化，舉個例子說，一對男女剛剛認識，他們能夠走多遠？雙方的家庭會不會有意見？交往的過程當中會不會有第三者介入？會不會因為不認識而在一起，但卻因為彼此深入瞭解後而分手？這些變化發展他們自己也沒把握；在這裡我所要講的是，寅、申、巳、亥四生是充滿變化的，寅、申、巳、亥四生最怕的就是遇到沖動，當碰到地支六沖，寅申沖、巳亥沖時，就好像剛剛出生的嬰兒碰到了戰亂，很容易顛沛流離失去依靠，所以自古以來命理界都把寅、申、巳、亥稱為四驛馬，它代表著容易發生變化、變動，也代表著不穩定、有異動的意涵，所以一個八字地支當中，寅、申、巳、亥如果過多，那就代表這個人一生當中的變化、變動很多，所遇到的事物變化萬千、經常異動。

接下來，我們從地支藏人元的角度，再對寅、申、巳、亥四生做個瞭解。

1. 寅木的地支藏人元分別是甲、丙、戊，其中甲木是寅的本氣，丙火就是長生在寅的火。
2. 申金的地支藏人元分別是庚、壬、戊，其中庚金是申的本氣，壬水就是長生在申的水。
3. 巳火的地支藏人元分別是丙、庚、戊，其中丙火是巳的本氣，庚金就是長生在巳的金。
4. 亥水的地支藏人元分別是壬、甲，其中壬水是亥的本氣，甲木就是長生在亥的木。
5. 比較細心的人也許會問：「那土的長生在哪裡？為什麼漏掉了土？」，

在這裡我們記住一句話，那就是「火土同源」，土的長生歷程與火相同，寅木的地支藏人元分別是甲、丙、戊，其中戊土就是長生在寅的土。

講完了四生，我們來談談四正，子、午、卯、酉四正是事情發展到了沸沸揚揚最高點，力量達到最旺盛的巔峰，爬到像皇帝一樣最高的位階，擁有最大的權力，所以四正的力量是至純至正，最純粹也最巨大的。在八字當中，月柱地支是月令，關係者一個八字的溫度高低，日柱地支則是緊緊的貼臨日主，所以這兩個字跟日主的關係最為密切，當月柱地支或日柱地支是子、午、卯、酉四正當中的任何一個字時，我們就可以鐵口直斷出這個人的個性以及人格特質，因為子、午、卯、酉四正的力量至純至正，沒有絲毫夾雜的緣故。

下面我們就來看看子、午、卯、酉四正的地支藏人元：

1. 子水的地支藏人元只有單純一個癸水，所以子是水的刃地。

2. 午火的地支藏人元是丁、己，多了一個己土是因為火土同源的緣故，所以午是火的刃地，同時也是土的刃地。

3. 卯木的地支藏人元只有單純一個乙木，所以卯是木的刃地。

4. 酉金的地支藏人元只有單純一個辛金，所以酉是金的刃地。

緊接著我們要來談談最複雜的四墓庫，辰、戌、丑、未四墓庫的本氣都是土，其中庫是倉庫，墓是墳墓，它的意義是完全不同的，現今命理界鮮少有人把它搞清楚，我想在這裡簡單約略的介紹一下：

庫者收四季之餘氣，辰收寅、卯春木之餘氣，所以辰是木庫；戌收申、酉秋金之餘氣，所以戌是金庫；丑收亥、子冬水之餘氣，所以丑是水庫；未收巳、午夏火之餘氣，所以未是火庫。

既然我們叫它倉庫，當然，倉庫當中有很多很多的庫存物，它只是暫時被收藏起來，不能發揮太大的作用，但是一旦倉庫打開，並且時空環境能夠配合，這些庫存物當然可以發揮很大的作用，這是四庫的精義所在，我們必須要有清晰的瞭解。

接下來我們來談談辰、戌、丑、未四墓，四墓是屬於十二長生歷程的範圍，在十二長生歷程當中，辰是水的墳墓，戌是火的墳墓，丑是金的墳墓，未是木的墳墓；我們把十二長生歷程再唸一次，長生、沐浴、冠、祿、刃、衰、病、死、墓、絕、胎、養，注意是先衰老而後生病，生病然後死亡，死亡之後才會進入墳墓，所以我們很容易理解，墳墓當中所藏的不過是死屍一具，就算墳墓被沖開了，已經死亡了的屍體也發揮不出什麼大作用，這是墓跟庫之間很大很大的不同，我們必須加以理解，應用上才不會出差錯。

經過上面的說明，相當複雜的四墓庫就會變得非常的清晰，並且容易瞭解，我們再進一步把四墓庫的地支藏人元加以說明：

1. 辰土的地支藏人元分別是戊、乙、癸，其中戊土是辰土的本氣，乙木代表辰土收春天木的餘氣在倉庫中，癸水代表辰土就是水的墳墓。

2. 戌土的地支藏人元分別是戊、辛、丁，其中戊土是戌土的本氣，辛金代表戌土收秋天金的餘氣在倉庫中，丁火代表戌土就是火的墳墓。

3. 丑土的地支藏人元分別是己、癸、辛，其中己土是丑土的本氣，癸水代表丑土收冬天水的餘氣在倉庫中，辛金代表丑土就是金的墳墓。

4. 未土的地支藏人元分別是己、丁、乙，其中己土是未土的本氣，丁火代表未土收夏天火的餘氣在倉庫中，乙木代表未土就是木的墳墓。

在八卦當中，艮卦為山、坤卦為地，都是屬土的卦，高山靜靜的聳立，大地靜謐無聲，都是靜止不動的意思，所以在一個八字地支當中，辰、戌、丑、未四墓庫很多的人，通常是不喜歡跑來跑去，不喜歡一直變換環境；另外，土可以收藏歸納很多很多的東西，例如地底下的礦物、地底下的生物、地底下的伏流⋯等，辰、戌、丑、未四墓庫，裡面有庫氣，也有墓氣，所以一個八字地支當中辰、戌、丑、未很多的人，通常是很博學而多元的，這是我們觀察一個八字時，直接就可以瞭解、可以掌握的。

四生、四正、四墓庫構成了十二地支，它是學習八字命理最基礎，同時也最重要的元素，我在這裡用專章簡要說明，希望有緣人能用心體會。

Chapter 1

面對命運的心態，決定幸福的走向

你覺得順水而流是順遂，
他認為逆流而上是挑戰。

1／宇宙不變的法則即是平衡

一個八字當中火太旺了，沒有水來制衡，或者，水太旺了沒有土來制衡，我們一般稱為偏枯或偏旺，偏枯或偏旺的格局總是有它的缺陷，如果沒有得到大運的幫助，那麼人生的際遇經常讓人感到慨嘆，無奈中帶有無限的唏噓。

所謂的偏枯或偏旺，是針對日

【地支藏人元】

丙	乙	丙	甲
寅	未	寅	午
甲丙戊	己丁乙	甲丙戊	丁己

【流年】

33	34	35	36
戊	己	庚	辛
戌	亥	子	丑

【八字原局】

比肩	正印		偏印
丙	乙	丙	甲
寅	未	寅	午
偏印	傷官	偏印	劫財

【大運】

07	17	27	37	47	57	67
丙	丁	戊	己	庚	辛	壬
申	酉	戌	亥	子	丑	寅

子女宮 老年時期 時柱	身宮（婚姻宮） 中年時期 日柱	父母宮 青年時期 月柱	祖父母宮 幼年時期 年柱	
偏印		正印	比肩	天干
甲木	丙火	乙木	丙火	
午火	寅木	未土	寅木	地支
丁火劫財	甲木偏印	己土傷官	甲木偏印	
己土傷官	丙火比肩	丁火劫財	丙火比肩	
	戊土食神	乙木正印	戊土食神	
刃	生	衰	生	歷程
將星 天醫		天喜		神煞

五行分布

自我 470		非我 170		
木（印）210	火（比劫）260	土（食傷）170	金（財）0	水（官殺）0

大運

87	77	67	57	47	37	27	17	7
甲木 辰土	癸水 卯木	壬水 寅木	辛金 丑土	庚金 子水	己土 亥水	戊土 戌土	丁火 酉金	丙火 申金

流年

37 歲	36 歲	35 歲
2022 壬水 寅木 年	2021 辛金 丑土 年	2020 庚金 子水 年

主，意即針對八字的主人而言，一般人都喜歡聽到自己八字的元神是強旺的，而不喜歡聽到自己八字的元神是虛弱的，其實這是一個不正確的觀念，在整個宇宙法則當中不變的定律就是「平衡」，任何的變化任何的波動，都是朝著「平衡」的結果去發展，八字元神過於強旺的人，經常以自我為中心，體能超強，有很高的自尊跟自信，如果過於強旺，會導致旺而無依，本身沒有依靠，並且刑剋損傷周遭的親人，綜觀有些企業的大老闆，雖然成就了傲人的功業，但是身邊的配偶、手足卻經常有所損傷，就是這種情形的代表；八字元神偏弱的人，善於觀察周遭環境的變化，喜歡倚靠在比較強勢、比較有力的人士旁邊，他強烈的直覺與敏感度，能夠很快感受出人事權力的消長，但是元神虛弱的人往往比較沒有主見，容易受到別人的影響。下面，就讓我們來看看一個日主偏枯偏旺的例子吧！

這個八字是一位男生，生長在夏天的未月，八字當中滿盤的木、火，我們來數數看，年干丙火、日干丙火、時支午火，八字當中有三個字都是火，此外年柱地支寅木、月柱天干乙木、日柱地支的寅木、時柱天干甲木，八字當中有四個字都是木，木生火，這個八字木、火旺極，佔據了整個八字的版面，尤有甚者，日支和時支還寅午合火，所以幾乎是一目瞭然的，我們可以知道這個八字的日主丙火是超強的、是過於偏旺的。

為了方便我們繼續深入的探討，我們再來仔細的看看地支藏人元，從這其中，我們會發現整個八字當中完全沒有金、也沒有水，在這裡我要教大家一個看八字的訣竅，如果八字當中完全沒有水，那麼火行就像一隻沒有天敵的怪獸一樣，會非常的猖狂，同樣的，如果八字當中完全沒有金，那麼木行缺少了金的修剪，就會橫生亂長，一樣也是一隻沒有天敵的怪獸。

既然八字當中木火猖狂是病，又完全不見金水，木生火旺，唯一能夠洩化火氣的，那就只有土了，因為火生土、土洩火嘛！戊土長生在寅（十二長生歷程），未的本氣又是土，午火當中也藏著己土，所以這個八字的土是相當不錯的，土是日主丙火的食神傷官，代表求學、讀書、學習，當然也代表著考試的運氣。

八字當中完全沒有財星，偏財代表一個男生的父親，他的爸爸是一位夜間的保全人員，薪水相當微薄，家境艱難，他下班的時候也就是他爸爸要去上班的時候，兩個人見面的時間並不多，印證了八字當中完全看不到財星，財星不顯的現象，先天的界定有時候讓人不得不信服，並且感嘆造物者的奧妙。

未土傷官代表一個男生的祖母[1]，青年時期，他在祖父母的幫助之下，終於研究所畢業，拿到碩士的學位，但是畢業之後找工作並不順利，所以他選擇走爸爸的路線，去當保全人員，一邊工作一邊準備考公職，結果屢戰屢敗，煎熬了多年。

註1 傷官祖母星是可能位於任何宮位的，如果傷官在祖父母宮，我們稱為星宮同位。

這位先生27歲到36歲進入了戊戌大運，是天透地藏[2]的食神大運，當然是有利於考試的，經過八字的剖析，我鼓勵他努力衝刺，終於在戊戌大運的戊戌流年考取了公職人員，這是一個鯉魚躍龍門的關鍵，因為比肩、劫財過於強旺的人，很不容易賺到錢，或者說賺的都是辛苦錢，考上了公職人員，每個月就有穩定的薪水收入，如果能夠養成儲蓄的習慣，那麼就可以扭轉先天八字當中沒有財的現象，有了儲蓄就有財嘛！這是不是能作為「人定勝天」的一個例證呢？

我們再來看看，戊戌流年考上公職之後，就一路進入亥子丑北方水的流年，己亥年寅亥合（地支六合），亥水合入本命，庚子年天干乙庚合（天

註2 天透地藏：例如庚申，天干有庚金，坐下申，申地支藏人元，亦有庚金，即稱「天透地藏」。

干五合），庚金合入本命，辛丑年丙辛合（天干五合），辛金合入本命，接連八字所需要的金財、水官陸續合入本命，能夠得到長官的賞識、不錯的財運，應該都是可以期待的，寄望他在這些流年當中，就可以攢下人生當中的第一桶金，藉以翻轉人生；據我後續得知，在這些年度中，他的考績、獎金以及與異性的感情交往（財星所屬），都有不錯的成績喔！

我曾經注意到這個八字有一個很特殊的形象，所以刻意的深入加以探討，現在我把它說明如下（參照下圖）：

【八字拆解】

		正印	
O	丙	乙	丙
O	寅	未	寅

在十二長生歷程當中，丙火長生在寅，所以在六十甲子裡面，丙寅算是相當強旺的火，年柱與月柱同時出現丙寅，丙寅雙現，而在十二長生歷程當中，木是入墓在未土當中，要注意到，木是先死後才會入墳墓，所以未土當中的木，力量是相當微弱的，月干乙木，未中的木能夠透出天干，我們不可以視為乙木直坐墓地，應該把它看成乙木有微根，所以六十甲子當中的乙未，乙木的氣息透出天干，所以乙木有了轉機、有了起色；可是這個八字的乙木被夾在兩個強旺的丙火當中，乙木生丙火，陰陽相生全力而生，所以乙木的氣息又被洩化殆盡，這是這個八字蠻特殊的一個形象，乙木是丙火的正印，也就是一個男生的母親，那麼這個男生母親的元神勢必是衰頽無力的，事實上這個男生的母親患有中度的憂鬱症，也領有重大傷病卡，在八字學的領域上，我特別提出這一點，值得大家用心去了解、體會。

很替這位先生慶幸的是，37歲開始他會進入己亥大運，一路亥、子、丑的水運，對這位先生的幫助是相當大的，祝福這位先生能夠百尺竿頭更進一步，當然，不要忘記了——「要儲蓄」。

2／了解自己，掌握造命改運的機會

食神、傷官是我們的輸出系統，是日主洩出的精華，可以涵蓋的範圍很廣，簡單地說，我們的言語表達、我們的感情、我們的智慧才華、我們臉上的表情、我們喜怒哀樂的情緒發洩…等，這是屬於無形的輸出，另外還有我們的排泄物、眼淚、鼻涕、汗、頭髮、指甲…等，這是屬於有形的輸出，我們所

【地支藏人元】

戊辰	己未	丁亥	丁未
戊乙癸	己丁乙	壬甲	己丁乙

【流年】

34	35
辛丑	壬寅

【八字原局】

傷官	食神		比肩
戊	己	丁	丁
辰	未	亥	未
傷官	食神	正官	食神

【大運】

09	19	29	39	49	59
戊午	丁巳	丙辰	乙卯	甲寅	癸丑

子女宮 老年時期 時柱	身宮（婚姻宮） 中年時期 日柱	父母宮 青年時期 月柱	祖父母宮 幼年時期 年柱	
比肩		食神	傷官	天干
丁火	丁火	己土	戊土	
未土	亥水	未土	辰土	地支
己土食神	壬水正官	己土食神	戊土傷官	
丁火比肩	甲木正印	丁火比肩	乙木偏印	
乙木偏印		乙木偏印	癸水七殺	
冠	胎	冠	衰	歷程
	亡神 紅鸞			神煞

五行分布

自我 250		非我 390		
木（印）90	火（比劫）160	土（食傷）310	金（財）0	水（官殺）80

大運

89	79	69	59	49	39	29	19	9
庚金 戌土	辛金 亥水	壬水 子水	癸水 丑土	甲木 寅木	乙木 卯木	丙火 辰土	丁火 巳火	戊土 午火

流年

35 歲	34 歲	33 歲
2022 壬水 寅木 年	2021 辛金 丑土 年	2020 庚金 子水 年

「輸出」的東西、不管是有形或無形，都是屬於食神、傷官的範圍。

如果食神過重變成忌神，那就會表現出任性、沒有時間觀念、不積極、不能夠剋期完成長官所交代的任務；如果傷官過重變成忌神，那就會是個大嘴巴，容易出口傷人，喜歡頂撞上司，經常會批評別人，講話不留餘地，因此經常引起是非爭端，嚴重的話還會惹出官訟；所以一個女生食神、傷官過重，就會對自己的先生造成精神上的壓力，一般的主管也不會喜歡食神、傷官過重的部屬。子女也是一個女生的「輸出物」，女生的食神、傷官過重，生育能力很強，但是也容易為子女付出過多的心力，導致精神體力的耗損；食神、傷官洩化日主元氣，大概就是這個意思啦！

這是一個女生的八字，年柱戊辰、月柱己未，都是天透地藏的土，時柱的地支還有一個未土，所以說這個八字五行當中的土非常的重；日主是丁火，時柱天干也是丁火，月柱地支跟時柱地支都是未土，未土是火庫，所謂的庫就是倉庫的意思，丁火通根在兩個火庫。

在這裡我們要說明一下火庫，古人云「庫者收四季之餘氣」，未月是夏天的最後一個月，夏天屬火，未月過後就是秋天了，就變成金的節氣，所以未月收火的餘氣在倉庫當中，未土是火庫就是這個道理。我們再看一下地支藏人元，未中藏有己、丁、乙，陰性的丁火安安靜靜的收藏在未土當中，未土地支藏人元當中的丁火，就是火庫當中的火啦！

天干有兩個丁火，丁火又通根[1]在兩個火庫，所以日主丁火本身也是

註1 通根：例如天干有壬水，地支有壬水或癸水，就是有根，我們說壬水通根在地支的壬癸水。

不弱，既然日主不弱，我們就不必急著考慮幫扶日主，但是，整體評估起來，土的力量勝過火太多，所以火的力量被土洩化掉太多，因為火生土、土就洩火，火把力量給了土，火自己的力量當然就減少了嘛！所謂的「洩」就是這個的意思。既然是這樣，我們就應該選取木來剋土，再用水來幫助木，套句專業的術語就是，這個女生的喜用神是「用木喜水」啦！

在八卦當中震卦屬於東方木，震為動、為雷、為足，大家仔細想想，樹木的根部，樹根生長的方式，主根、支根、微根⋯，樹根不斷向下生長，向旁擴生，它的形象跟閃電打雷的形象是不是非常的接近呢？地下的樹根是如此，地上的樹幹、樹枝、分枝⋯也是如此，向上伸展、橫生擴張，藉以吸收到充足的陽光，如果你把樹木倒過來看，它的形象也跟閃電打雷非常的相似，所以如果我們要加強身體五行當中的木行，我經常建議別人要多走路，因為震為動、為足，在身體上我們的腳可以用震卦代表，經常走路經常走動，兩隻腳強壯了，就等同我們得到了那個木，木行就得以充沛，對嗎？如果我們再進一步解釋，那麼在我們體內的神經系統、血管系統⋯等，都有震卦的影子，相關的應用我們有機會再來深入討論。

言歸正傳，既然這個八字的喜用神是木水，而這個八字的水木集中在日柱地支，也就是中年，也就是婚姻宮，當然我們也就知道這個女生可以嫁給一個好先生，唯一的壬水正官落在婚姻宮，我們稱之為星宮同位，因為正官是一個女生的先生，正官坐在婚姻宮，代表先生不會整天到處亂跑，很有家庭觀念，又能夠幫助、照顧這個女生，那麼當然這個婚姻是值得稱讚、值得羨慕的。

火生土，土是日主的食神、傷官，食神、傷官是一個女生的子女星，土洩化火的力量過重，代表這個女生會因為照顧子女而付出相當多的精神體力，或是付出相當多的代價。

這個女生在2021年辛丑年（34歲）生產，辛丑年丑未相沖（地支六沖），土沖土土愈旺，食神在這個時候愈加的強旺，這個女生在懷孕過程中身體很不舒服，受了不少苦，生產完後為了照顧小孩，向公司請了半年的育嬰假，但是經過半年後要再回到公司工作時，她跟隨了八年的原單位主管卻告訴她，目前沒有適合她的職位，暫時無法幫她安插工作，請她自己到其他部門去詢問，結果其他部門在短期內也沒有增加用人的計劃。

這個女生的前半生都是天透地藏的食神、傷官，食傷的性質就是喜歡批評或頂撞自己的主管或是自己的先生，再看看她目前正值29歲到38歲的丙辰大運，辰土又是傷官，多年共事的長官可能對她沒有很好的印象，不會盡力幫助她，不會想要提拔他，從八字推命，這當然是可以理解的一個現象。

食傷過重的人，該如何來改善自己呢？食傷過重喜歡表現，講話不經思考就出口，容易傷人，雖然外表看起來聰明伶俐、反應很快，但卻沒有足夠的內在、沒有足夠的學識內涵來支撐自己，所以平常應該多讀書、多充實自己，講話能夠替別人設想，去感受別人的感受，少批評別人，傷人的話不要輕易出口，這樣子努力去改善自己的心性，就可以達到造命改運的效果。八字學不只是用來預測未來，更是用來瞭解自己，唯有瞭解自己之後才能改善自己，各位朋友，您真的瞭解自己嗎？

往事已矣，來者可追，目前的現況總是要加以面對，我給這位女生幾個建議如下：

- 跟前主管持續保持聯繫，懇請他協助安插職位，即使不是原先的工作內容，只要能夠勝任就可接受。

- 考慮交通距離、上下班時間，配合到托兒所帶回小孩的時間，也可以嘗試尋找其他公司的工作，反正與在原公司復職一事不相妨礙。
- 可以跟當地主管機關－勞工局做個聯繫，看看法律賦予的權利能如何得到保障，當然要避免跟公司撕破臉，產生過度的衝突和爭執，該如何做？主管機關應該相當有經驗才對。
- 2022 年壬寅年，產生地支六

合當中的寅亥合化木，正印合入本命，又化為印星，代表貴人的印星在春季就會浮現，把握有利的天時，問題應當可以迎刃而解。

後記

論命過後，經過一些日子，她傳來消息，她的先生本是同一家公司的小主管，為了她復職一事，不惜放下身段出面為她斡旋，雖然鬧出了一些風波，但也成功的為她爭取到適當的職位，正官夫星（壬水）與正印貴人（甲木）同柱，先生果真就是她的貴人啊！

3／命中有時終須有，命中無時莫強求

在這個章節裡我們要再次談談十二地支當中的子、午、卯、酉—四正，四正是十二地支當中力量最純、最強的，其中涵蓋了子午相沖以及卯酉相沖兩個層面。《滴天髓》這本書中提到過：「陽支動且強，速達顯災祥，陰支靜且專，否泰每經年」，子午相沖就是陽支相沖，具有「陽」的特質，力量強大而且

【地支藏人元】

庚午	己卯	癸酉	丙辰
丁己	乙	辛	戊乙癸

【八字原局】

正印	七殺		正財
庚	己	癸	丙
午	卯	酉	辰
偏財	食神	偏印	正官

【流年】

31	32	33
庚子	辛丑	壬寅

【大運】

02	12	22	32	42	52
戊寅	丁丑	丙子	乙亥	甲戌	癸酉

子女宮 老年時期 時柱	身宮（婚姻宮） 中年時期 日柱	父母宮 青年時期 月柱	祖父母宮 幼年時期 年柱	
正財		七殺	正印	天干
丙火	癸水	己土	庚金	
辰土	酉金	卯木	午火	地支
戊土正官	辛金偏印	乙木食神	丁火偏財	
乙木食神			己土七殺	
癸水比肩				
養	病	生	絕	歷程
寡宿	紅鸞	咸池 天喜 文昌		神煞

五行分布

自我 180		非我 460		
金（印）135	水（比劫）45	木（食傷）230	火（財）105	土（官殺）125

大運

82	72	62	52	42	32	22	12	2
庚金 午火	辛金 未土	壬水 申金	癸水 酉金	甲木 戌土	乙木 亥水	丙火 子水	丁火 丑土	戊土 寅木

流年

33 歲	32 歲	31 歲
2022 壬水 寅木 年	2021 辛金 丑土 年	2020 庚金 子水 年

快速，卯酉相沖是陰支相沖，具有「陰」的特質，力量持續很久而且綿延不斷。

十二長生歷程當中，寅、申、巳、亥稱為四長生，長生的下一位就是沐浴了，沐浴就像是小孩出生之後給他洗澡，有裸體、有桃花的意味，又稱為沐浴桃花，所以四長生的下一位就是四正—子、午、卯、酉，同時也是四個沐浴桃花的所在；當一個八字當中子、午、卯、酉同時出現的時候，我們就叫它四正齊沖，也叫它四正桃花或遍地桃花，除了會發生激烈的衝擊碰撞之外，也會有桃花不斷的情形發生。現在我們就用這位女生

【神煞】	庚	己	癸	丙
	午	卯	酉	辰
	咸池 天喜	文昌	紅鸞	寡宿

的八字來探討一下四正會齊所發生的事情。

我們來研究一下這個八字，日主癸水通根在辰中墓氣（辰是水的墓地），我們說這個日主癸水只有微根，力量不強；幸好有日支酉金貼臨，加強了日主的元神，所以這個八字是以酉金為用神；也許你會問，那年柱天干不是還有一個庚辛嗎？對！可惜年干庚金坐在午火敗地之上，地支午火剋天干庚金，這個庚金自身難保，發揮不了什麼作用了。

我們繼續看，年柱庚午，地支剋天干，月柱己卯，也是地支剋天干，所以她的前半生是天地交戰的格局；日柱癸酉，地支生天干，時柱丙辰，天干生地支，她的後半生天地相生有情，所以後半生應該要比前半生來的穩妥安定。

地支卯酉相沖，卯是月令，力量強大，所以卯勝而酉敗，地支另有辰酉相合，一沖一合，一推一拉，酉金會動，用神酉金被沖動了，令人有一種不祥的感覺；卯沖酉、酉合辰，也是用神酉金推遲延後的跡象，酉金是偏印貴人的助力，看起來有拖晚的可能性。

這個八字的地支已經有午、卯、酉三支，只差一個「子」來就四正填齊了，她在22－31歲走丙子大運，正好四正填齊。我們先來看看她的感情問題，原局年支午火，午火地支裏藏有己土，月干也是己土，年月二柱代表前半生，所以前半生走己土七殺；時支辰土，辰土地支裏藏有戊土，並且合進日支婚姻宮，日時二柱代表後半生，後半生走戊土正官；官殺代表一個女生的先生或情人，前走七殺後走正官，婚姻宮酉金又被沖動了，無論從那個角度看，不歷經兩度以上的感情波折幾乎是不可能了。

在丙子大運，子午沖，沖動午中己土，再被天干庚金洩出；另外，月柱己卯，雖說卯酉沖，月令卯勝而酉敗，但是卯酉相沖，卯木也會有所動搖，卯木一動，就會去剋天干的己土七殺；所以在丙子大運，年月兩柱的己土七殺全部出了問題，何況卯木又帶有咸池、天喜等神煞，在四正會齊遍地桃花之下，她歷經了多次的感情，可是每次感情只能維持短暫的時間，最近的一次是在2020年庚子年（31歲）發生的，哇！又碰到了四正的子年，大運流年雙子沖午，沖出七殺己土，己土流失，她又再認識了一個男生，一樣只維持了短暫的時間，到了2021辛丑年就分手了。

我請她回憶一下過往，那麼多次感情失敗，分分合合的原因到底是出在那裏？她說她覺得自己太「黏」男友了，論命者要善盡言責，我告訴她，從命理的角度來看，生在食神卯月，食神剋制月干己土七殺，顯示青年時期對異性有很強的控制欲望，這對於感情是相當不利的，如果她能認同我的話，這樣就有了改善的空間，如果只是認為自己感情豐富所以很「黏」對方，用情很深喜歡撒嬌依賴有什麼不對呢？可是如果這樣想，就會失去改善調整的空間，差之毫釐失之千里，大家都應該要注意自己的認知和想法是否正確喔！下一柱大運是乙亥大運，亥卯合木，大運天干透出乙木食神，又是一個乙木食神剋制月干己土七殺的象，但相信只要能調整好心態，就可以不隨運勢波動，一定會有很大的改善的。

接下來，我要談談這位女生在六親方面的情形，酉是身宮，卯是父母宮，身宮與父母宮交沖；酉中的辛金偏印是一個女生的母親，偏印母星與父母宮交沖，代表母親進入不了父母宮，事實上她的父母親在她很小的時候就離婚了，她跟著爸爸住，但是偏印母星貼臨日主，她經常去看媽媽，跟媽媽的感情比較好，比較有話講；前面我有提到過，卯酉沖、辰酉合，一沖一合，偏印酉金會動，有不祥的感覺；丙子大運與原局四正齊沖，2016丙申流年（27歲），天干五合當中丙辛相合，大運與流年天干的丙火，合出酉中的偏印辛金，她的媽媽本有躁鬱，進而發展成憂鬱，最後輕生自殺了，令人感到惋惜。

她還告訴我，除了爸爸之外，媽媽生前跟外婆意見不合感情很差；我們試著從八字學理上作些推演，日主是癸水，金生水，辛金與日主癸水陰陽屬性相同，所以辛金是日主的母親；土生金，己土與母親辛金陰陽屬性相同，所以己土是日主的外婆；月柱己卯，己土外婆坐在卯木之上，而卯木與母親偏印相沖，似乎可以看出母親與外婆不合的一些端倪；另外再經過她証實，外婆住在偏僻的荒郊，四周可以看到一片綠草樹木，也符合了卯木的地象；基於學理研究，我在這裏略為加以記錄，做為後學者的參考資料，你如果覺得太深了，可以略過無妨。

除了媽媽之外，她的伯伯也在丙子大運、2020 年庚子流年厭世輕生了，家族當中發生了兩起輕生事件，不禁讓她心裡覺得毛毛的，將來她會不會也發生類似情事？我覺得是多慮了！四正酉金偏印貼臨的人，生性較為孤獨、孤僻，與朋友聚會時會覺得與別人話題不甚投機，自己容易進入別人無法進入的特殊領域，涉略專精但不廣博，像這位女生就對神秘學、人類學等很感興趣，進入中年時期之後，應該還會有其他特殊領域方面的機緣。人生的經驗告訴我，只要心存善念，凡事能夠正面思考，當有疑惑的時候，要去請教值得信賴的良善智慧，就不會輕易掉入偏印孤獨寂寞的深淵而無法自拔，更何況偏印是她的喜用神而不是忌神喔！

回憶過往，父親和母親兩邊的親戚，都因為家族財產的分配問題造成紛爭，弄得親戚之間的感情分崩離析，她覺得很奇怪，為什麼一點親人之間的溫暖互動都沒有呢？唉！命中有時終須有，命中無時莫強求啦！

再來談她的工作吧！在丙子大運、四正齊沖的時空，她的工作也相當不穩定，做過業務助理，又轉換跑道做咖啡師，現在想考多益加強英文能力，再到外商去工作，總之是有一搭沒一搭的，無法長期待在同一個領域，厚植知識經驗並累積相關人脈；你看，日月兩柱天剋地沖，加上丙子大運來湊熱鬧，湊成四正齊沖，就是這樣的情形啦！

看到這裏，大家是不是對四正齊沖有了一些基本概念呢？我們可以看到這個八字大運流年遍地桃花，造成了感情多變、親人不睦或遠離、工作不穩……等情況，設身處地，如果是你，應該如何面對呢？

很多擔仔麵的麵攤前面都會掛著一個燈籠，上面寫著「度小月」，傳說是平時以補魚為生的人家，每年在海象不佳的季節無法出海捕魚，漁民稱之為「小月」，為了養家活口，就賣起麵來藉以度過小月。這個典故告訴我們很多人生的道理，在生命持續的過程，只有時間是真的，有了時間才有日月星辰、才有四季變換、才有改朝換代、才有生老病死，所以有了時間才有所謂的「存在」，但是時間有一個特性，那就是滴答滴答……，它絕對不會停留，好的留不住，壞的也是留不住，如果瞭解了時間的特質，那麼在大運流年忌神會齊的時候，就應該以度小月的精神沈潛度過，因為時間不會停留，黑暗過去之後黎明終將到來；運好運壞猶如陰陽相互推遷，在人生高低起伏的循環過程中，如果能學會以平常心面對，我認為那是一種極高境界的修養，您說是嗎？

4／束縛難解終得解

整個宇宙是個很大的訊息場，無時無刻都有很多看不見、摸不著的訊號在傳送，但不是每一個人都可以接收到訊息，這一點古人也許很難理解，但對於生活在現代社會的我們卻一點也不陌生，例如：手機、基地台、無線電視、遙控器、人造衛星、微波⋯⋯等等，一大堆看不見也摸不著的訊號，充斥在整個生活空間，重點是在於要有相對應

【地支藏人元】

丙	辛	己	己
申	巳	巳	未
庚壬戊	丙庚戊	丙庚戊	己丁乙

【流年】

34
壬
辰

【八字原局】

正官		偏印	偏印
丙	辛	己	己
申	巳	巳	未
劫財	正官	正官	偏印

【大運】

58	48	38	28	18	08
乙	甲	癸	壬	辛	庚
亥	戌	酉	申	未	午

子女宮 老年時期 時柱	身宮（婚姻宮） 中年時期 日柱	父母宮 青年時期 月柱	祖父母宮 幼年時期 年柱	
正官		偏印	偏印	天干
丙火	辛金	己土	己土	
申金	巳火	巳火	未土	地支
庚金劫財	丙火正官	丙火正官	己土偏印	
壬水傷官	庚金劫財	庚金劫財	丁火七殺	
戊土正印	戊土正印	戊土正印	乙木偏財	
刃	死	死	衰	歷程
劫煞 孤辰 紅鸞	驛馬	驛馬		神煞

五行分布

自我 355		非我 285		
土（印）170	金（比劫）185	水（食傷）30	木（財）10	火（官殺）245

大運

88	78	68	58	48	38	28	18	8
戊土 寅木	丁火 丑土	丙火 子水	乙木 亥水	甲木 戌土	癸水 酉金	壬水 申金	辛金 未土	庚金 午火

流年

44 歲	43 歲	42 歲
2022 壬水 寅木 年	2021 辛金 丑土 年	2020 庚金 子水 年

的接收器，才能接收到空氣當中的訊號，所以仔細想想，在很久以前，我們就已經可以接受，眼睛看不見的東西的確存在，您說對嗎？

偏印是梟神，它會吃掉（剋制）食神，但它也能夠深入一般人無法進入的領域，換句話，偏印可以看成是一個特殊的接收器，它能接收到宇宙訊息場的某些訊號，那什麼是一般人無法進入的領域呢？我們就用上面這個八字來一窺究竟。

【八字拆解】

丙O己己
O巳巳未

這是一個女生的八字，按照往例，我們

先來仔細的研究一下八字原局；在八字拆解中，我們看到了己、未、己、巳、巳、丙等六個字，不是火就是土，可以說是火土一片，而且年、月二柱火生土旺，年柱己未，土行天透地藏，月柱己巳，地支巳火生天干己土，土行團結而有力，非常的強旺，這是這個八字的第一個特點。

日主辛金，通根在兩個巳火當中長生的庚金以及時柱地支申金本氣，日主的元神本來就不弱，加上有旺土來生，所以綜觀日主的元神顯然過於強旺了；另外，出生在夏天巳月，未土是燥土，也是火庫，地支兩個巳火，天干又透出丙火，所以這個八字要注意到調候的問題，而整個八字當中，只有時柱地支申金藏有長生的壬水，壬水就是這個八字的用神所在。

巳申合是地支六合之一，這個八字地支兩個巳火去爭合一個申金，日時兩柱天干丙辛合，日柱辛巳，天干辛金與地支巳中本氣丙火相合，又是丙辛合，所以這個八字有多合的現象，這是這個八字的第二個特點。

研究完整個八字的結構，我們就來談談她的故事囉！日主強旺的人，不喜歡偏印再來生助日主，以偏印為忌神，偏印是一個女生的母親，所以她跟她的媽媽之間沒有什麼善緣，她不喜歡媽媽，原因是媽媽開了一間神壇，媽媽本人就是乩童，就是讓神明附身，接受信眾問事的那種，由於長年的生活相處，讓很多事情攤在陽光下，所以她知道媽媽都在騙人，丙火正官這麼強旺的人，不喜歡用欺騙的手段取財，所以她和媽媽之間，認知有很大的落差，彼此距離遙遠。

天下之大無奇不有，我可以接受很多光怪陸離的事情，但是如果沒有理論的基礎或固定不變的基礎，我就會排斥在我的思考體系之外，因為如果沒有理論或是沒有一個固定不變的基礎，你就無法推理擴衍，無法信手拈來，用在周遭的人事地物上。舉個例子來說，文王六十四卦已經有非常深厚的理論基礎了，可是它是用占卜的方式得卦，如果我們以同樣虔誠的心，對同一件事情占卜兩次，極可能會得到不同的卦象，也就是說會得到不同的指引，這樣似乎不合邏輯，所以我認為八八六十四卦不僅僅是拿來占卜用的，應該還有更大更大的用途，這件事情可能要專書討論，無法在本篇探究。

另外說個故事，我有一個朋友的小孩，患有精神官能症，朋友帶著她的小孩從台北到南部去求助一位出家大德，在那裡，排隊問事的有三十幾個人，好不容易排到了，問完了前世今生的因果關係以及如何處理改善之後，就要打道回府返回台北了，這位患有精神官能症的小孩卻執意不肯，硬是在當地住了兩天，到了第三天，再度前往原地排隊問事，結果你知道的，前世今生的因果關係不同了，產生很大的改變，令我這位朋友錯愕不已，我只能說她的小孩雖然患有精神官能症，極度敏感而多疑，但是他的邏輯還是不錯的！上面所講的我別無他意，只是想再釐清，比起缺乏固定根據的理論，我會選擇相信有理論基礎、有固定不變基礎的東西，且每個人都可以透過學習而去了解的。

書上有云：「女人梟食非為吉，產難驚人病亦危」，意思是說一個女生偏印太重，因為偏印剋制食神，食神為子女星，所以容易碰到生產艱難的問題；這位女生在月柱青年時期，有強旺的偏印透出天干，本來就有生產上的疑慮，加上代表子女宮的時柱地之申金被兩個巳火爭合，爭合不化，變成子女宮申金被羈絆、被束縛，所以在壬申大運的2012壬辰流年，34歲那年她流產了；壬申大運雙巳雙申，出現兩個巳申合，壬辰流年申辰拱合，《滴天髓》有云：「合有宜不宜，合多不為奇」，意思是說八字當中「合」太多了，不是一個好的現象，束縛羈絆太過，導引出這次流產事件；因為她非常喜歡小孩（壬水傷官子女星為用神），她花了好多年才走出傷痛。

在這裡我覺得有必要把「雙巳爭合申金」做個比較詳細的說明；地支六合當中巳申合化為水，因為巳火剋制申金，所以又被稱為「剋合」；巳申合化為水的水，是從申金當中解放出來的，所以如果申金不是當令，或是八字原局金水非常強旺，那麼巳申要合化為水就有它的困難度，很容易變成「合而不化」的情形，也就是變成羈絆和束縛；這個八字地支有兩個巳火，巳火又當令，兩個巳火爭合子女宮的申金，申金的天干又壓著一個丙火，巳申要合化為水，當然會產生困難；在地支六合當中，最不容易合化成功的就是巳申合，在判斷上要多加注意。

這位女生想知道她還有沒有機會順利生下小孩？我是這樣看的，子女星端坐在子女宮，星宮同位，雖有受到羈絆卻沒有遭受破壞，壬水傷官又是用神所在，加上現代的醫學這樣進步，只要詳細檢查，找出不孕（壬水被羈絆）的原因，就能對症下藥，解決這方面的問題，簡單的說，得子的機率是非常大的。

她和她的先生都是學外文的，她們共同開了一家外語補習班，兩人都是老師，我聽了有些訝異，因為偏印強旺的人表達能力不佳，以教授為職業是很罕見的，她承認她的表達能力不好，但是對經營管理很有興趣，目前她已經有一個碩士學位，想要再攻讀另外一個經營管理的碩士學位，這個八字前半生以偏印為核心，後半生以正官為核心，所以我鼓勵她繼續深造，逐夢踏實。

前面我們有提到過，偏印是宇宙訊號的接收器，那麼這位女生可以接收到什麼訊號呢？她說，她從三十四歲開始就經常作夢，剛開始夢到的都是鬼魂之類的東西，可能是透過她的特殊體質，想要表達或請她代為傳遞某些想法，由於經常如此也就見怪不怪了，後來她夢到一位久未聯絡的朋友自殺了，起初她不以為意，畢竟只是作夢嘛！沒想到，數十日後聽到另外一位朋友傳來消息，她所夢到的那位朋友真的自殺了，令她感到相當震憾，因為這是未來訊號啊！當然還有

一些周遭親友生病住院或車禍血光的應驗夢境，就不在話下了；像這位女生透過夢境可以收到未來訊號的，我碰到的就有好幾個，其中有些人的能力還經過密宗的認證，不過他們普遍存在一個現象，那就是雖然收到了未來訊號，卻不能掌控它、運用它或者改變它，此外，我也有一些疑惑，為什麼大家都是收到鬼道或凶兆的訊號，卻很少人收到佛菩薩直接入夢，教導我們人生的方向呢？

Chapter 2

人生如戲

看那刀光劍影、感受悲歡離合，
誰都正在自己的舞台上扮演著一場戲。

1／每個人都是自己人生的編劇

十二地支當中的寅、申、巳、亥稱為四生，意思就是四個長生的所在，丙火長生在寅、壬水長生在申、甲木長生在亥、庚金長生在巳，因為火土同源，所以戊土和丙火一樣長生在寅。

四生是很不穩定的，充滿了各種的變化，我們用巳火來舉例，巳

【地支藏人元】

甲寅	辛未	庚戌	戊寅
甲丙戊	己丁乙	戊辛丁	甲丙戊

【流年】

46	47
己亥	庚子

【八字原局】

偏財	劫財		偏印
甲	辛	庚	戊
寅	未	戌	寅
偏財	正印	偏印	偏財

【大運】

11	21	31	41	51	61
壬申	癸酉	甲戌	乙亥	丙子	丁丑

子女宮 老年時期 時柱	身宮（婚姻宮） 中年時期 日柱	父母宮 青年時期 月柱	祖父母宮 幼年時期 年柱	
偏印		劫財	偏財	天干
戊土	庚金	辛金	甲木	
寅木	戊土	未土	寅木	地支
甲木偏財	戊土偏印	己土正印	甲木偏財	
丙火七殺	辛金劫財	丁火正官	丙火七殺	
戊土偏印	丁火正官	乙木正財	戊土偏印	
絕	衰	冠	絕	歷程
	華蓋	天喜		神煞

五行分布

自我 335		非我 305		
土（印）235	金（比劫）100	水（食傷）0	木（財）175	火（官殺）130

大運

91	81	71	61	51	41	31	21	1
庚金 辰土	己土 卯木	戊土 寅木	丁火 丑土	丙火 子水	乙木 亥水	甲木 戌土	癸水 酉金	壬水 申金

流年

49 歲	48 歲	47 歲
2022 壬水 寅木 年	2021 辛金 丑土 年	2020 庚金 子水 年

火是夏天的火，庚金長生在巳，巳火一旦碰到了酉、丑，就很容易變化成金，巳火一旦碰到了申，又很容易變化成水，所以說四生是不穩定而容易變化的。

上面是一個男生的八字，出生在夏天未月，未是燥土，戌也是燥土，整個八字當中沒有一點點的水，兩個丙火長生在寅木，寅、戌拱火，更增加了土的燥性，所謂燥土不生金，這個八字急需用水來調候，意思就是用水來調整八字的溫度，所以他的喜用神是用水喜金，忌木火，不喜歡再來燥土，濕土來則沒有關係。

這個八字當中有兩個五行相當的強旺，可以充分顯示出日主的性格，一個是甲木偏財，甲木通根在兩個寅木，而且甲木屬陽，所以偏財性格會相當明顯，偏財強旺的人喜歡追逐享受，也喜歡投機，一生財運和女人運大起大落，充滿戲劇性變化。在這裡我要再次提醒大家注意，甲木偏財容易生火，它是忌神；另外一個是戊土偏印，戊土通根在戌土並長生在兩個寅木，戊土也是屬陽，所以偏印的性格也會相當明顯，偏印強旺的人能夠深入研究某些領域，同時擅長收集情報、分析資料；上面所講的都是這位先生很明顯的特徵。

他41歲開始走入乙亥大運，亥水合入八字當中的寅木，八字得到了水的調候，這位先生也得到了不凡的際遇；他本人擅長寫網路程式，因為他的專長受到肯定，所以被邀約入股進入到一家新創立的手機遊戲公司，並且擔任監察人，過了不久這家手機遊戲公司就上了興櫃，股價一飛沖天，在很短的時間之內他變成了暴發戶；有了錢之後，他非常重視外表，也非常重視享受，現有的房子不住，另外租下豪宅居住，買了一部BMW 520代步，藉口勘查市場到大陸去尋歡作樂⋯，他將甲木偏財的性格發揮到淋漓盡致，煞是令人羨慕。

我們不要忘記，合入的亥水是四生，四生是很容易發生變化的，經過了七、八年的美好時光之後，變化終於來臨了，2019年己亥年（46歲），流年又來了亥水，原局、大運、流年產生兩組寅亥合，合而化木，偏財甲木強旺到極點，在這樣的年度，這位先生會做些什麼樣的事呢？

偏財甲木過於強旺，這位先生沒有辦法克制求財的野心，於是在網路上找到一位教人操作權證的老師，進而前往學習權證的操作，隨後他開始了操盤的生涯；結果愈做野心愈大，不只是日盤，就連夜盤也不放過，晚上繼續盯著螢幕操盤；可惜天不從人願，到了2020年庚子年（47歲），他輸到傾家蕩產還加上負債，大起大落之快令人瞠目結舌。

八字當中辛金劫財是喜神、是朋友，幸好他在朋友的鼓勵下慢慢重拾信心，終於能夠站起來面對這一切，他騎著一部親友送給他的舊機車，做起了Uber Eat外送的工作，有偏財的性格，所以他跑得相當的勤快，只是和過去的風光，落差也太大了一些。

寅亥合化木，由合到化是需要時間、需要經過醞釀的，首先亥水合入本命，這是好事情，是這個八字所需要的，可是經過了

一段時間，就會產生變化，寅亥二支都變成了木行，讓日主貪婪求財的心暴漲上來，一發不可收拾；四生多變化，可見一般；那麼，我們不禁要問，寅亥合，會在什麼樣的時空化木（變化成為木）呢？一般來講，寅亥合會在木行長生、祿、刃的時空化木，大運產生的寅亥合，會在亥、寅、卯的流年化木，同理，流年產生的寅亥合，會在亥、寅、卯的流月化木，這是在學習較高階的命理學當中，我們所必須知道的。

俗話說：「天作孽猶可為，自作孽不可活」，從事投機性相當高的衍生性金融商品操作，當然是屬於自作孽的層次，時空節氣、五行變化當然會影響一個人的心性，可是透過兩種方式，應該可以降低相關的傷害，一、平日修養心性，得意的時候不要心浮，切忌拼命的追逐享樂，不可過度膨脹自己，讓自己的心性安住在一個穩定的範圍，並且能夠行於佈施、幫助窮困潦倒的人，建立正確的人生觀，透過這種良善的方式去洩化掉八字當中過多的財星；二、學習研究自己的八字，「事先知道」本身就是一個很大的力量，至少會有一個很好的煞車，就算失敗也不至於輸得傾家蕩產；如果人人都可以如此，那麼儒家的大同世界就有機會實現，佛家的西方極樂世界也就不必遠求了，這是我的看法，您認同嗎？

透過這篇文章，我要給這位先生一個鼓勵，在51歲開始，您會走入丙子大運，子水是四正的水，不容易產生變化，正是這個八字最需要的一個地支，而天干丙辛合，又是合化為水，聽到這裡您就知道您還有機會，還可以得到自己能夠發揮的時空，經過這次的教訓，應該要知道收斂心性，好好規劃出一個健康、幸福、光明的人生了，祝福您！

2／善念的吸引力法則

財生官殺，從好的方面看，當一個人事業有成，賺了大錢之後，進而就想要運用他所賺到的錢再得到權勢和地位；從壞的方面看，一個人有了錢，卻引來盜匪、暴徒的覬覦，或者一個人因為貪財，而導致官訟牢獄之災；當然，依據財官是喜用神或者是仇忌神，就會有截然不同的結果。

【地支藏人元】

戊申	庚壬戊
乙卯	乙
辛巳	丙庚戊
甲午	丁己

【八字原局】

天干十神	干支	地支十神
正印	戊申	劫財
偏財	乙卯	偏財
	辛巳	正官
正財	甲午	七殺

【流年】

50
丁酉

【大運】

08	18	28	38	48	58
丙辰	丁巳	戊午	己未	庚申	辛酉

子女宮 老年時期 時柱	身宮（婚姻宮） 中年時期 日柱	父母宮 青年時期 月柱	祖父母宮 幼年時期 年柱	
正財		偏財	正印	天干
甲木	辛金	乙木	戊土	
午火	巳火	卯木	申金	地支
丁火七殺	丙火正官	乙木偏財	庚金劫財	
己土偏印	庚金劫財		壬水傷官	
	戊土正印		戊土正印	
病	死	絕	刃	歷程
	劫煞			神煞

五行分布

自我 210		非我 430		
土（印）85	金（比劫）125	水（食傷）30	木（財）270	火（官殺）130

大運

88	78	68	58	48	38	28	18	8
甲木 子水	癸水 亥水	壬水 戌土	辛金 酉金	庚金 申金	己土 未土	戊土 午火	丁火 巳火	丙火 辰土

流年

55 歲	54 歲	53 歲
2022 壬水 寅木 年	2021 辛金 丑土 年	2020 庚金 子水 年

上面是一位男生的八字，發生在他身上的故事非常有戲劇性的張力，如同往常，我們先把八字拆解成兩個部分，請參考【八字拆解】圖，左邊五個字，其中甲、乙、卯等三個字是屬於木行，巳、午等兩個字是屬於火行，木火團結而有力，又是生長在春天卯月，所以木火非常的強旺；右邊三個字，年柱戊土生申金，申金尚且不弱，但是申金跟日主辛金距離遙遠，戊土和辛金之間又夾著乙木，木剋土，戊土沒有辦法全力來幫助日主，所以說土金的氣息分散而不團結；既然如此，我們就知道這個八字的病在木火，需要金水來幫忙，所以我們可以下結論了—喜用神是金水！

【八字拆解】

甲	O	乙	O		O	辛	O	戊
午	巳	卯	O		O	O	O	申

當我們看到這個八字的父母宮乙卯，是天透地藏的乙木，我們就知道他應該不是出生在大都會地區，而是生長在比較偏遠的郊區，事實上也是如此，這位先生的父親是個老芋仔，娶了原住民的太太，他的出生地是在花蓮，周遭可以看到很多的綠草和樹木。

前面已經分析過了，這個八字木生火旺，木生火，也就是財生官殺，而且對日主而言是忌神；我們看到日柱地支和時柱地支分別是巳，午，只差一個未土就可三會成南方火，接著趕緊看看大運，喔！的確在38歲開始就交入己未大運，巳午未三會南方火，對日主而言，這絕對不是一個很好的大運。

綜觀這位先生的大運，從18歲開始交入丁巳運之後，一路走南方火運，所以我們可以很清楚的瞭解他過得並不好；2008年戊子年，這位先生41歲，大運跟原局巳、午、未三會南方火，再和流年子午相沖，流年的子水不是三會南方火的對手，子午相沖只會激怒旺火，我們一般稱為「犯旺」，在這一年，這位先生因為經濟困頓，騎著機車搶劫路人，結果導致路人摔倒，這位先生的本性還算善良，所以他回過頭去看看那個路人是不是有受傷，因為他一念良善，被站在路邊的一位長者看在眼裡，就在這樣關鍵的時刻，貴人出現了。

這位長者奉勸他去投案自首，並承諾每兩個禮拜會前往花蓮去照顧他的一子一女，結果這位先生聽從長者的規勸，照樣去做了，最後判了一年徒刑，在服刑期間內，這位長者還不定期地到桃園監獄去探望他。

出獄之後，這位先生的工作有一搭沒一搭的，他曾經到烏來溫泉做清洗浴室的工作，在那裡認識了不少乾媽，屬於印星範圍（年紀較大）的長輩都很照顧他的；後來又去做第四台拉線的工作，雖然改過自新努力工作，但是運氣似乎尚未開朗，經濟頗為拮据；這位先生來找我的時候，已經是2017年丁酉年，年屆50歲的時候了。

我當然替他高興，恭喜他了，因為他從48歲就開始交入庚申大運，這是對他很有利的一個大運，會有不錯的發展，而這是屬於劫財的大運，應該可以得到朋友很大的助力；他聽完之後，就告訴

我一個很有趣的故事。

2016年丙申年，這位先生49歲，他有一張信用卡，有一天信用卡的客服專員打電話給他，告知他有一個信用額度可以申請信用貸款，問他有沒有意願？他一聽心想，天下哪有這麼好的事情？是詐騙嗎？就同意貸了五十萬出來，錢貸出來之後才發現是要還本金利息的，於是他想把五十萬還回去，但是信用卡公司卻推三阻四不接受，這個時候該怎麼辦呢？有點傷腦筋了！結果他有個朋友是開當鋪的，一般開當鋪的也會兼做地下金融借貸，所以他的朋友叫他把錢放在當鋪，每年給他18%的利息，朋友以這樣的方式來幫助他；後來他再向信用卡公司借到最高額度一百萬，然後放在朋友那裡，每年爽領18%的利息，並且用這些錢來償還信用卡公司的本金和利息。

接著，他很順利的進入一家瓦斯公司擔任瓦斯管路檢測人員，幫客戶定期檢驗瓦斯是否有漏氣情形，並且建議客戶更換必要之零件，他能言善道，講話極為風趣，聽說由他經手更換零件的業績，在同僚之中經常都是拿第一喔！

3／面對困境依然力爭上游

在八字的結構當中，大部分都是複雜的，八字原局就已經不單純了，再加上大運流年，真的會讓經驗不足的初學者看了傻眼，這個章節我們就來玩玩變幻無窮的大運流年推演。

既然是變幻無窮，那麼肯定不簡單，要花很多的腦力才能感受到

【地支藏人元】

己	辛	辛	庚
亥	卯	巳	午
壬甲	乙	丙庚戊	丁己

【八字原局】

偏印		比肩	劫財
己	辛	辛	庚
亥	卯	巳	午
傷官	偏財	正官	七殺

【大運】

58	48	38	28	18	08
乙	丙	丁	戊	己	庚
亥	子	丑	寅	卯	辰

子女宮 老年時期 時柱	身宮（婚姻宮） 中年時期 日柱	父母宮 青年時期 月柱	祖父母宮 幼年時期 年柱	
偏印		比肩	劫財	天干
己土	辛金	辛金	庚金	
亥水	卯木	巳火	午火	地支
壬水傷官	乙木偏財	丙火正官	丁火七殺	
甲木正財		庚金劫財	己土偏印	
		戊土正印		
沐	絕	死	病	歷程
劫煞	咸池 天喜	亡神		神煞

五行分布

自我 250		非我 390		
土（印）85	金（比劫）165	水（食傷）70	木（財）130	火（官殺）190

大運

88	78	68	58	48	38	28	18	8
壬水 申金	癸水 酉金	甲木 戌土	乙木 亥水	丙火 子水	丁火 丑土	戊土 寅木	己土 卯木	庚金 辰土

流年

33 歲	32 歲	31 歲
2022 壬水 寅木 年	2021 辛金 丑土 年	2020 庚金 子水 年

當中變化的樞鈕，在這個時候能幫助你的，就是你對原局夠不夠瞭解，原局的力量最大，代表人的一生，大運其次，代表十年，流年力量最小，影響力只有一年，但流年卻是值星官，會讓人當下的感受最為深刻，如果還不能掌握原局的變化，就急迫的進入大運流年的推演，經常會讓人墜入五里雲霧當中，眼前一片茫然，最後無功而返。

上面是一位女生的八字，就陰陽來看，庚午屬陽，辛巳、辛卯、己亥均屬陰，所以是陰柔之氣勝過陽剛之氣，這是我們首先要掌握到的；其次，比肩、正官是正星，劫財、七殺、偏財、偏印、傷官等是偏星，偏星多於正星，我們可以知道這位女生

【流年】

25	26	27	28	29	30	31	32	33
甲	乙	丙	丁	戊	己	庚	辛	壬
午	未	申	酉	戌	亥	子	丑	寅

的才勝過德，也就是能力較強、脾氣較差的意思。

看完了陰陽，我們來看看八字結構，我們先把八字拆成兩個部分，左圖己、辛、辛、庚，天干一片土金，由左向右逆生，右圖亥、卯、巳、午，地支水木火，也是由左向右逆生，既然向右逆生，所以天干氣聚在金，地支氣聚在火，天干走天干的，地支走地支的，各行其道互不侵犯，但是一旦大運流年天干出現火，火金勢必會交戰，在這裏我們必須細心的再區分出陰陽，天干如果出現丙火無妨，因為丙辛合，合化為水，但是天干如果出現丁火，那就比較不妙，因為忌神丁火七殺會直接剋制日主辛金，那不就是所謂的七殺攻身了嗎？

【八字拆解】

己辛辛庚	OOOO
OOOO	亥卯巳午

接下來，我來看看干支結構，年柱庚午，庚金坐敗地，地支午火剋制天干庚辛，這個庚金有點不太管用；月柱辛巳，辛金通根巳中長生的庚金，並且與巳中丙火天地相合，而且丙辛合化為水，可見得日主辛金與丙火正官緣份頗深，正官代表長官、主管、先生等類型人象，後面我們再來看看她的緣份是什麼。日柱辛卯，天干剋地支，所以卯木不宜沖動，否則辛金就會去剋制卯木，不利於卯木偏財；時柱己亥，是這個八字當中唯一有水的地方，這位女生出生在巳月，全局火氣熏蒸，亥水正是可以調整整個八字的溫度，也是這位女生八字用神所在，天干己土又與亥中長生的甲木相合，亥水一旦被沖動，沖出甲木正財，與天干甲己合，甲木正財就會浮上檯面，更何況日時兩柱地支亥卯半合為木，日主又直坐四正卯木偏財，可見得這位女生中年的財氣相當不弱。你看！我們從四柱結構與干支關係，已經得到了不少資訊，對嗎？

己卯大運，2015年乙未流年，她26歲，流年與原局巳午未三會南方火，她進入某數位科技公司做事，她是公司內部唯一一個行銷人員，終日忙著尋找合作的媒體、撰寫行銷企劃、開闢行銷渠道。

己卯大運，2016年丙申流年，她27歲，流年申金是壬水長生的地方，又能合入本命月支巳火，巳申合化為水，還記得這個八字的用神是什麼嗎？就是水啦！那一年她工作順遂，順利打進報紙、今週刊等媒體；老闆出版了一本生活旅遊系列的書，她帶著老闆去上廣播節目，並接受雜誌專訪，得到了老闆的信賴；另有作者出版了一本烹飪系列的書，她還打進電視台，並到電視台親自現場做菜來推銷書籍；該年度她也參加了國際書展，結果績效甚佳，拿到公司發給的高額獎金喔！因為當年她的表現非常優異，所以公司老闆計劃成立一個海外行銷部門交給她掌管，也開始帶著她一起與北京的編輯聚餐，讓彼此互相認識。

戊寅大運，2017年丁酉流年，她28歲，流年地支與原局日支卯酉相沖，由於偏財卯木被沖動，卯木通關的功能就消失了，會造成月時地支巳亥直接相沖，前面我們有提到過，卯木被沖動，天干的辛金就會去剋制卯木，不利卯木偏財；巳亥相沖結果，因為巳為月令力量強大，所以巳勝亥敗，亥中長生的甲木會被沖出來，合入時干的己土，正財甲木正式浮上檯面；雖說巳勝亥敗，但是巳中長生的庚金也會被沖動，也就是沖動劫財，劫財是日主的影子，沖動劫財可以看成是一種驛馬動象[1]。

該年這位女生由編輯部被暫時調到業務部，進行某個國際認證證照的推展工作，無奈業務部門的人都不配合，她憤而提出辭呈，結果馬上再被調回編輯部，兩天之後，海外業務部正式成立了，當然是由她接掌，她也開始前往中國大陸進行陌生開發，推廣國際認證的證照。

註1 驛馬動象：即變動，例如搬家、轉職、出國⋯等。

戊寅大運，2018年戊戌流年，她29歲，原局、大運、流年寅午戌三合為火，大幅增加了午火七殺的力量，該年，她經常孤身一人飛往中國大陸進行陌生開發，有時候一個月要飛兩三趟。戊戌流年是天透地藏的正印，總是會有貴人相助，那年她父母親因故住院，她到醫院探望時，意外的接到一通電話，透過一位廣州客戶的介紹，就這樣她一口氣打開了五大城市的行銷通道，業務得以順利拓展。

戊寅大運，2019年己亥流年，她

30歲，流年與原局巳亥相沖，俗語說：「傷官見官，為禍百端」，恐怕免不了官訟是非之類的情事了，另外尚須注意巳亥相沖，沖動了巳中丙火正官，丙火與月干辛金相合，丙辛合化為水。

那一年公司爆發了內部權力鬥爭，原來的老闆離開，她是老闆的人馬，所以該公司也無所不用其極的逼她走路，她憤而提告，要求該公司支付資遣費以及非自願離職證明。「陰支靜且專，否泰每經年」，巳亥相沖是陰支相沖，這場官司從勞工局調解、法院初審，拖了3年才贏得勝利，討回公道；後來原老闆另外成立一家新的出版公司，她旋即前往任職，此時薪水又有提升喔！

前往新公司任職之後，經過了數年的努力，她打通了MOMO、博客來等線上通路，並與104人力資源網站合作，推廣國際證照，表現可圈可點，終於在 2021 年辛丑年被擢升為公司副總經理，實在可喜可賀；值得順道一提的是，這位女生對八字命理本來完全不信，但卻由不信變成深信，現在連公司晉用新人，就算沒有八字，也要參考缺少時辰的生日六字，據她說：「比直接面談都還好用喔！」

後記

2022 年終於收到台灣高等法院確定判決，對方應給付資遣費，並發給非自願離職証明，歷經調解，地方法院、高等法院多次開庭辯論，終於贏得最後的勝利，但是已經精疲力盡，不過這也讓周遭關心她的人見証了小蝦米能夠戰勝大鯨魚，擇善固執的勇氣和堅韌不拔的毅力，正是一個事業成功者的基本要件。

4／氣運低落時，要能堅持住自己

偏印又稱為梟神，名稱很難聽，自古以來很多人都不喜歡它，因為偏印會剋制食神，讓一個人的福氣大幅下降；偏印離群孤僻，不喜歡參加社交活動，跟親人之間的緣份比較淡泊，但它能從多種角度來理解事物，具有獨立思考的能力，是天生的心理學家，也容易進入宗教、玄靈、超能力等特殊領

【地支藏人元】

乙卯	壬午	癸丑	辛酉
乙	丁己	己癸辛	辛

【八字原局】

食神	劫財		偏印
乙	壬	癸	辛
卯	午	丑	酉
食神	偏財	七殺	偏印

【流年】

45	46	47	48
己亥	庚子	辛丑	壬寅

【大運】

11	21	31	41	51	61
辛巳	庚辰	己卯	戊寅	丁丑	丙子

子女宮 老年時期 時柱	身宮（婚姻宮） 中年時期 日柱	父母宮 青年時期 月柱	祖父母宮 幼年時期 年柱	
偏印		劫財	食神	天干
辛金	癸水	壬水	乙木	
酉金	丑土	午火	卯木	地支
辛金偏印	己土七殺	丁火偏財	乙木食神	
	癸水比肩	己土七殺		
	辛金偏印			
病	冠	絕	生	歷程
	寡宿	天喜	文昌	神煞

五行分布

自我 245		非我 395		
金（印）145	水（比劫）100	木（食傷）135	火（財）140	土（官殺）120

大運

91	81	71	61	51	41	31	21	11
癸水 酉金	甲木 戌土	乙木 亥水	丙火 子水	丁火 丑土	戊土 寅木	己土 卯木	庚金 辰土	辛金 巳火

流年

48 歲	47 歲	46 歲
2022 壬水 寅木 年	2021 辛金 丑土 年	2020 庚金 子水 年

域，當然，它也代表意外貴人的助力。

上面是一位男生的八字，也是一個偏印倒食的範例。大家應該都能認同，工作本身無所謂貴賤，只要是不偷不搶，為生活而打拚奮鬥的人，都是值得我們尊敬的；雖說如此，但是工作的內容卻是千百萬種，有些角落的工作是我們很難想像和體會的。

從下面的八字拆解，我們可以看出除了日主和午火之外，可以區分成兩國，丑、辛、酉等，土金一國，另外，壬、乙、卯等，水木一國，兩國互相交戰，辛金剋制乙木，

【八字拆解】

乙壬O辛

卯O丑酉

也就是偏印剋制食神，因為是金木相戰，所以必須用水來通關，金生水，水生木，水就是這個八字的用神啦！

年柱天透地藏的食神，幼年自在悠遊鬆散，在學時期當然與班上的領導幹部無緣；辛巳大運，大運與原局巳酉丑三合金局，並且與卯木對沖，卯木食神潰敗，所以學歷不高，高職電子科畢業，隨後又參加職訓局舉辦的汽車修護課程，結業之後前往汽車修理廠工作一年，後來廠方要求修車員要會開車，他因為沒有駕照而離開。

月柱壬午，天干壬水與地支午中丁火相合，也就是天干五合當中的丁壬合；過去我們有提到過，「合」的意思是合作、合夥，也可以是羈絆、糾纏的意思，大家還要注意，午中丁火是這個八字當中唯一的火，也就是唯一的財喔！

丁火是日主的偏財，偏財是一個男生的爸爸，偏財坐在父母宮，代表爸爸在家中掌家計，比較有地位；事實上這位先生的爸爸是從大陸逃難到台灣的，在台灣花錢買了一個小他三十歲的女生當老婆，夫妻之間的感情還算不錯。

爸爸是做生意的，他買進大隻鰻魚，殺了之後做成魚丸，再拿到市場去賣，家中經濟不錯；月柱天干的壬水劫財，可以代表日主的兄弟姊妹，在兩岸破冰之後，開始互有往來，他爸爸在大陸還生有一子一女，為了彌補對子女的虧欠，爸爸開始將在台灣賺到的錢，移轉給大陸的子女，其中大陸的女兒聰明伶俐，經常到機場接機，她拿到的最多；2014年甲午年，午火的事，在台灣出生的哥哥向爸爸拿了五十萬，到大陸聘娶老婆，可是結婚之後的隔天，那個老婆就帶著錢就跑了，哥哥又恨又惱的回到台灣，從此以後他家的經濟幾乎已經被掏空了，只剩下一間房子留給媽媽，嗯！

這個爸爸總算還有一點良心；總之，他爸爸的錢不是被大陸的子女拿走，就是被台灣的哥哥敗光了，唯一的丁火被壬水所合，天干的劫財羈絆地支的偏財，這樣大家可以瞭解它的內涵了吧！

月令四正偏財的人大多慷慨豪邁，喜歡投機性的財務操作。這位先生選擇從事保全人員的工作，月薪當然不高，可是他居然也在操作外匯期貨交易，實在令我跌破眼鏡，另外，他還購買運動彩券，在壬寅大運，2018年戊戌年，命、歲、運寅午戌三合為火財，他買運動彩券賺到了七千元喔！看他經濟不甚充裕，當然囑咐他要自我節制，改為長期投資定存概念股就好了，希望他可以聽的進去。偏財性格也很喜歡買東西，他買的東西大部分是食物，擔當夜間保全的工作期間，他都自己帶菜、肉、丸子…甚至是鍋子來上班，飲料、糖果、餅乾更是隨身攜帶，不只是自己享用，還很願意與別人分享，天透地藏的食神就是這樣囉！

在八卦當中，艮卦納丑、良、寅三山，所以八字當中丑土可以代表艮卦；艮為山，是向上隆起的地象，可以代表山坡地，也可以代表墳墓；艮為鬼門，這是日本的風水師非常重視的方位；丑收北方之水入庫，也是陰濕之地；另外，在前面我們說過了，偏印象徵著偏門、怪異的特殊領域，這位先生強旺的偏印合入丑土鬼門，他會發生什麼事呢？

姑且說說他印象較深的兩三事吧，其一、小時候他在爸爸房間內看見過一個長頭髮、穿白衣的女生，那正是他已經過世的姐姐，這景象好像電影當中的情節，他嚇得跑出房間，他說：「從那個時候開始，姐姐在某些時刻，就會在我的耳邊說話，教我一些事情，告訴我該怎麼做，對我比較有利」；其二、他在某大超商服務期間，超商有很大的貨物倉儲空間，陰氣較重，平常鮮少人去，有一天他在巡察庫房時，突破聽到重重拍擊聲，以及有東西落地的聲音，回頭去看，他放在電腦桌上的杯子已經掉落在地上了，因為倉庫沒有別人，所以他去調錄影系統畫面查看，結果看到電腦桌被人重重拍擊，導致他的杯子掉落地上，但是影像中看不到拍打的人，嗯！好像是超自然事件，無法加以解釋；其三、己卯大運，2019年己亥年，己土七殺透出天干，他前往中部某大墓園工作，待遇五萬多元，算是相當高的喔！結果他只做了半個月，就嚇得辭職了，我原以為他膽小，聽他訴說原委之後，我想我也不太敢做。

當地如果有發生重大車禍，遺體就會先往他那裡送，再等檢察官前來相驗屍體，遺體在搬運過程中，某些「零件」會掉落下來，他要幫忙撿起來放回擔架，儘量保持遺體的完整性。公司規定每天要巡邏停屍房三次，他曾經遇過存放大體的冰櫃蓋子突然向上彈開，令人觸目驚心，公司方面的解釋是冰櫃已經老舊，鎖扣已經銹蝕，加上屍體內部發酵膨脹，才會有這種現象，嗯！邏輯上說得過去。太陽下山之後，到了晚上六、七點，很多的狗就會開始吹狗螺，一直叫到半夜兩、三點才停，日復一日，天天如此，的確擾人清夢，應該通報環保局去管管這些躁音了。當然，以他這種特殊的體質，偶而看到些什麼，也就不足為奇了。他告訴我說，不是他膽小，在他前面已經走了十幾個保全了，膽大的朋友，你有勇氣去挑戰一下嗎？

我們來談談他的感情吧！台灣的女生眼光較高，條件較嚴，在台灣交女朋友不太容易，所以他透過ＡＰＰ與大陸女生交友，認識了一些女孩，但是幾乎都碰到同一種狀況，那就是每個女生都跟她要禮物，當他不想繼續交往的時候，還會跟他要精神賠償費用，聽起來很現實，像這樣的情形已經連續碰到六個了，嗯，看來對岸的女生也不是省油的燈！2021年辛丑年，婚姻宮重現，他又新認識了一個女生，有論及到婚嫁，但是因為新冠肺炎疫情的關係，彼此還沒有能夠見到面，基於丑是他的婚姻宮，2022年是壬寅年，寅是丙火正財長生的地方，正財是一個男生的妻子，所以我鼓勵他努力追求，希望能夠有令他滿意的結果囉！

人生多少事，盡在八字中，曾經有很多人問我，真的有命運這回事嗎？我不知道怎麼回答，我想，我可以多寫一些書，讓大家知道我看八字所得到的感受，也讓看書的人自己去評斷命運是否存在。

5／懷抱希望，戰勝病痛

我們來談談五行的高低排列順序，五行當中由高而低，它的排列順序是火、木、土、金、水，火居於最高的位置，如果是陽火，也就是丙火，那麼就像太陽一樣高高的掛在天上，象徵著光明和熱情，火對於我們的身體來講，那就代表著身體的溫度，代表著血液，大家很容易理解的，我們身體的溫度是靠

【八字原局】

年	月	日	時
正財	比肩		偏財
丁	壬	壬	丙
巳	寅	子	午
偏財	食神	劫財	正財

【流年】

44	45	46
庚子	辛丑	壬寅

【大運】

04	14	24	34	44	54
癸卯	甲辰	乙巳	丙午	丁未	戊申

子女宮 老年時期 時柱	身宮（婚姻宮） 中年時期 日柱	父母宮 青年時期 月柱	祖父母宮 幼年時期 年柱	
偏財		比肩	正財	天干
丙火	壬水	壬水	丁火	
午火	子水	寅木	巳火	地支
丁火正財	癸水劫財	甲木食神	丙火偏財	
己土正官		丙火偏財	庚金偏印	
		戊土七殺	戊土七殺	
胎	刃	病	絕	歷程
咸池		劫煞 文昌		神煞

五行分布

自我 200		非我 440		
金（印）30	水（比劫）170	木（食傷）120	火（財）260	土（官殺）60

大運

84	74	64	54	44	34	24	14	4
辛金 亥水	庚金 戌土	己土 酉金	戊土 申金	丁火 未土	丙火 午火	乙木 巳火	甲木 辰土	癸水 卯木

流年

46 歲	45 歲	44 歲
2022 壬水 寅木 年	2021 辛金 丑土 年	2020 庚金 子水 年

著血液的運行來維持的，所以，我們要研究一個八字的血光現象，一定不能忽略火行在八字結構中的變化。

上面是一個女生的八字，這位女生出生在春天，春天是木最旺的時候，在五行相生當中，木生火，所以出生在春天的人，五行的火一般而言都不會太弱，這個八字的年柱是丁巳，是天透地藏的火，而時柱是丙午，也是天透地藏的火，整個八字當中丁、巳、丙、午、寅等五個字，都是屬於木火一國的，而壬、子、壬等三個字，是屬於水，屬於另外一國的，這樣的兩個國家涇渭分明，

【八字拆解】

O壬壬O　丙OO丁

O子OO　午O寅巳

就構成一個水火相沖的格局。

在八字結構裡面，年柱代表一個人的頭部與頸部，丁巳天透地藏的火出現在頭部與頸部，因為它是屬於陰性的火，所以在臉部、頸部就容易出現發炎、充血、過敏⋯等現象，並且它是一個慢性、長期性，會讓人覺得困擾的一種症狀。

再說時柱的丙午，在八字結構當中，時柱代表我們的下腹部，代表一個女生的生殖系統，例如子宮、卵巢⋯等，都在下腹部，既然丙午出現在下腹部，所以子宮、卵巢就容易出現發炎、出血的現象。值得一提的是，丙午是屬於陽性的火，它來得快去得也快，所以，來的時候會讓人恐懼驚嚇，但是過去之後卻又容易讓人忘記，覺得應該沒有什麼問題了，這就是陽火它所代表的一個意涵。

這個八字子午相沖，子午相沖是屬於地支六沖的一種，而天干還有壬水剋制丙火，壬水剋制丙火是屬於五行相剋的一環，既然如此，我們就知道日柱跟時柱產生了所謂天剋地沖的一種現象，當然它的重點仍然是在水火之間的相沖。

八字領域當中，有所謂抓用神的說法，它的意思就是在八個字當中找到最重要的一個字，找到最重要的一個元素，好像醫生看出了一個人的病在哪裡，依病的不同而下藥，那麼藥在哪裡呢？也是一樣要在八字當中去尋找，我們已經知道了這個八字的病在水火相沖，那麼它的藥在哪裡呢？

水火相沖，一般要用木來通關，也就是用木來達到水生木、木生火的通關效果，但是這個八字地支的排列是午、子、寅，並不是午、寅、子，寅木並沒有落在子午中間，所以要用木來通關的時候就要很小心，因為要看寅木到底是扮演通關的角色，或者是扮演木生火，去加強這個火，讓子午相沖更加的嚴重、更加的吃力。

綜觀整個八字，寅木並沒有生火的意，反倒是水生木，寅木有洩化子水力量的效果，好像是子水跟午火要相沖、要打架，寅木在旁邊拉住子水，洩化子水的力量，好像勸子水不要去衝撞午火一般，所以這個八字的「藥」肯定在寅木沒有錯。

在這個八字當中，寅木是食神，食神是一個人智慧才華的外在表現，這個八字天干也出現了丁壬合化木，丁壬合化木是屬於天干五合的一種，而月柱代表一個人的青年時期，那麼大家就可以感受出來了，地支有寅木，天干丁壬合化木，大運在23歲以前一路走東方木運，所以這個女生在青年時期，在求學過程成績必定是非常的優異，學習能力超強，人際關係非常好，因為這就是食神的意涵；事實上這個女生的確成績非常優秀，在班上人緣很好，被同學推選擔任了多次的班代，畢業之後順利考上會計師執照，進入四大會計師事務所工作，表現實在可圈可點。

時空一轉，進入了34歲丙午運，八字當中的寅木與大運地支午火相合，寅木合出，去加強大運的午火，用神合出本身就是一個不好的徵兆，寅午合火化為忌神更是不佳；大運地支是午火，時柱地支也是午火，在八字當中，子午卯酉我們稱為四正，就是最強最強的意思，午火就是地支當中最強的火，時柱地支是午火，大運地支也是午火，我們稱之為伏吟，就好像是一座很強的火山，再加上另一座很強的火山，這種四正伏吟的力量當然相當的不穩定，如果再有子水來衝撞，吉凶悔吝生乎動[1]，當然會

註1 出自《易經》，意思是所有的吉凶禍福都來自於沖動、變動。

有不祥的情況發生。伏吟的凶象，一般出現在病痛比較多；果不其然，進入丙午運之後，這位女生的身體狀況產生了變化，偶而會發生月經流血不止的異常現象，也做過子宮內膜刮除手術，在發作的時候感覺很嚴重，但結束之後卻了無痕跡，來得快去得也快，讓她以為已經沒有問題了，但是在2021辛丑年，被診斷出子宮內膜癌；碰到這種現象，作為一個陰陽五行的研究者，我們應該給予什麼樣的建議呢？陰陽五行的學術價值在哪裡呢？

第一、我們要瞭解2021辛丑年，她45歲，丙午運已經過了，換句話說，最壞的時空已經過了，用神寅木已經歸位不再合出，所以寅木又可以發揮通關的作用，減低子午相沖的力量。

第二、子午相沖是陽性地支的相沖，來的時候只要身體挺得住，要離去也是很快，它不是纏綿病榻，一拖幾十年的現象。

第三、目前已經進入丁未運，子午沖、午未合，午火合出，既然如此，如果醫生有建議拿掉子宮卵巢，這是可以接受，也應該接受的，因為拿掉子宮卵巢，就像拿掉了時柱地支的午火，如果午火都不見了，等同化解掉子午相沖的呈象，午火都沒了，子水還要沖什麼呢？

第四、用神為木，八卦當中的震卦屬於東方木，震卦代表動、代表足，我們的雙腳如果健壯，那麼等同身上的木氣就充足，所以應該多走路；如果在東北方（寅方）有樹木林立的公園，那麼更應該經常去走走，加強自己身體的木氣。

第五、既然火是忌神，那麼八字當中已經有那麼多的火，就不宜再增加火了，在實際的生活中，這位女生很喜歡吃辣，這個長年的習慣一定要改掉，另外當然要多吃蔬菜，也是為了增加身體的木的五行。

第六、火是這個八字的財，在治療的過程當中，財去人平安，破財可以消災，破點財，不就等同八字當中的忌神減少了嗎？所以破點財應該是可以接受的，不應太過罣礙。

第七、日柱地支是一個人的婚姻宮，婚姻宮為子水，婚後很容易住到南北向或是有河流的環境，這位女生住家的正北方正是基隆河，基隆河是屬於水的巒頭[2]，雖然有助於求財，但是卻對目前的病痛不利，所以應該用窗簾擋住水的巒頭，藉以降低子午相沖的力量。

註2 巒頭：風水用語，就是有影響力的磁場。

後記

後來這位女生傳來訊息，告訴我她已經動手術摘除了子宮卵巢，並且經過切片化驗之後，確定為零期，不需要進行後續的化療或放療；我很替她高興，但是仍然叮囑要注意食物控制以及身體的保健，因為54歲過後，還是有一個申運的考驗存在喔！

6／除了努力，成功還須得運相助

命理可以指導我們，在對的時間做對的事，不得時不得勢的情況下，勉強硬幹，那就會事倍功半，甚至會徒勞無功。經常聽到有人說「潛龍勿用」，在時運不濟時，應該沈潛充實自己，體會一下姜太公釣魚的情懷，看看度小月擔仔麵的典故，他們在幹什麼？他們在等候時機，當你做好了充分的準備，一

【地支藏人元】

丙	乙	丙	癸
辰	未	寅	巳
戊乙癸	己丁乙	甲丙戊	丙庚戊

【八字原局】

比肩	正印		正官
丙	乙	丙	癸
辰	未	寅	巳
食神	傷官	偏印	比肩

【流年】

28	36	38	41
癸	辛	癸	丙
未	卯	巳	申

【大運】

09	19	29	39	49	59
丙	丁	戊	己	庚	辛
申	酉	戌	亥	子	丑

子女宮 老年時期 時柱	身宮（婚姻宮） 中年時期 日柱	父母宮 青年時期 月柱	祖父母宮 幼年時期 年柱	
正官		正印	比肩	天干
癸水	丙火	乙木	丙火	
巳火	寅木	未土	辰土	地支
丙火比肩	甲木偏印	己土傷官	戊土食神	
庚金偏財	丙火比肩	丁火劫財	乙木正印	
戊土食神	戊土食神	乙木正印	癸水正官	
祿	生	衰	冠	歷程
劫煞 孤辰 天喜 地網	驛馬		地網	神煞

五行分布

自我 365		非我 275		
木（印）145	火（比劫）220	土（食傷）200	金（財）30	水（官殺）45

大運

89	79	69	59	49	39	29	19	9
甲木 辰土	癸水 卯木	壬水 寅木	辛金 丑土	庚金 子水	己土 亥水	戊土 戌土	丁火 酉金	丙火 申金

流年

47 歲	46 歲	45 歲
2022 壬水 寅木 年	2021 辛金 丑土 年	2020 庚金 子水 年

旦時節因緣成熟時，就可以乘運而起，創造個人的佳績。

上面是一位男生的八字，出生在未月、巳時，我們有提過，出生的月份和時辰，會影響整個八字的溫度，這個八字出生在夏天的中午，溫度巳經很高；另外，我們看下圖，八字當中巳、寅、丙、乙、丙等五個字，木火連成一片，全局熏蒸燥熱，所以要用水來調候，喜金來生水，這個喜用神並不難抓。

【八字拆解】

丙乙丙O
OO寅巳

我們接著看，時柱天干有癸水，辰土當

中也藏有一點癸水，不過辰中癸水是躺在墳墓的水，沒有大用了；接下來我們看看八字當中的金，只有唯一一個長生在巳火的庚金，所以這個八字的喜用神幾乎全部落在時柱，可以說是一個大器晚成的格局啦！

金行是日主的財星，也是日主的父星，年、月兩柱都看不到金行，可以知道這位先生與爸爸緣份較薄，家中經濟狀況不會很好；另外，正印代表一個男生的母親，正印落在月柱父母宮，並且透出天干，生助兩個丙火比肩，代表媽媽在家中較為操持勞心；而事實上完全吻合八字當中的顯象，家中的開銷幾乎是靠媽媽一人在辛苦籌措；他的上面還有一個哥哥，哥哥有智能上的障礙，特別需要媽媽操心和照顧。

九歲交入丙申大運，申辰拱水，偏財合入本命，家中經濟略有改善；十九歲交入丁酉大運，辰酉合金（地支六合），正財合入本命，對日主相當有利。高職國貿科畢業之後，先在玻璃工廠做了一年，之後去服兩年兵役，接著就到系統傢具工廠（屬木）學習傢具的安裝和調整，待了一年就辭了。離職之後，他利用晚上去讀二專夜校，唸的也是商科，白天找到一家鍍金用的化學原料工廠，學習相關原料的調配（化工、化學等領域屬火），沒想到一學就上手，並開始到各家工廠去推銷調配好的原料，得到了公司老闆的欣賞和器重，所以一待就待了五、六年。他在高職、二專，學的都是商科，可是所待的環境都跟工業有關，印證了兩件事情，其一、日主元神強旺的人，體能極佳，適合待在生產、工廠等環境，其二、八字原局某種五行很多，這個人就很容易接觸到該種五行的行業，例如這位先生八字當中木生火旺，就容易接觸到木（系統傢具）、火（化學原料）等的環境。

在這裏我們要注意一個現象，那就是年、月二柱都沒有財星，完全是靠大運走的好，得到正、偏財相繼合入本命，雖然一柱大運管十年，時間相當長，但是時間再長，終究還是會過去的；正、偏合入的歲月，除了事業順遂，感情也得意，據他說：「年輕的時候，有很多的女孩子喜歡和我交往喔」，他應該不是吹牛的！在丁酉大運的最後一年，二十八歲癸未年，他結婚了，對象是一位服飾專櫃的櫃姐，想必長很不錯！婚後也生下了兩個男孩，在事業、感情兩得意的時候，不知不覺已交入了戊戌大運。

戊戌大運，運干戊土合去時干癸水（天干五合中的戊癸合），運支戌土沖年支辰土，辰土中的癸水也被沖出去，八字全局當中的水全部不見了，沒有水的調候，整個八字更加焦燥，這是對日主多麼不利的一個大運啊！

在他做業務期間，奔走各大工廠推銷化學藥水，同時累積了豐厚的人脈，而化學藥水本身如何調劑，更是他的專精，於是他想：「為什麼我不自己來做呢？」，於是跟老婆打過商量後，他購買了相關設備以及原料，開始創業了。

剛開始一切都進行的非常順利，可是好景不常，創業沒多久，就碰到2008年的金融風暴，他很多的客戶、工廠都經營不下去，紛紛關廠倒閉了，當然，他受了到嚴重的波及，在背負著銀行債務的狀況下，他收山了，那年他

三十三歲；於是他和太太商量，能不能幫他先還掉一些銀行債務，可是他的太太－那位櫃姐一口回絕，告訴他，別想動她的任何金飾或財產，並不斷指責嘲諷他的創業決定；為了生活，他只好跑去賣無塵手套、汽車零件⋯等，賺點小錢過日子，直到2011年，他三十六歲，才又回到化學藥水領域，當然是吃人頭路的啦！你們說，這樣的落差大不大？如果你以為只是這樣，那就錯了！

那位櫃姐只能同甘，不能共苦，她無法安於經濟拮据的日子，開始交往複雜的朋友，經常不曉得跑去什麼地方玩，有時候三天兩頭不回家，找都找不到人，最後，他的太太和他分居了；唉！年月兩柱沒有半點財星，一過喜用大運，還真是有點麻煩！他心想：「能與老婆相遇就是有緣，我要給她三次機會，看看她能不能回心轉意」，可惜事與願違，在他第三次捧著鮮花直接到專櫃去，求櫃姐回家但被拒絕後，他心碎了，也徹底失望了；沒關係，否極泰來，在最黑暗的時候，經常會露出曙光，我們經常聽說：「陽中有陰，陰中有陽」，機會不就藏在黑暗之中嗎？

己亥大運，2013年癸巳流年，他38歲，流年與大運巳亥相沖，沖出巳火當中長生的庚金偏財，並且合入本命；這位先生在App交友軟體上認識了一個女生，年齡比他稍大，但是卻非常談得來，而且兩人都是歷經過感情挫折，所以都能珍惜這個得來不易的第二次機會；在這裡提醒大家注意，這是戊戌大運的最後一年喔！

一交入己亥大運，櫃姐似乎感受到這位先生已經不需要她了，反過頭來大吵大鬧，但是這位先生在給過三次機會之後，已經不為所動，所以在己亥大運，2016年丙申流年，他41歲，當年流年、大運、原局會齊寅、申、巳、亥四生相沖，他終於和櫃姐離婚了。

己亥大運，巳亥相沖，寅亥相合，雖然有亥水合入本命，但是巳中長生的庚金偏財也被沖動，所以是個好壞參半的大運，是可以在波動當中向上提升運勢的；我告訴他，未來的庚子大運，天干庚金生地支子水，子水又能合入原局辰土，是他一生當中難得一見的大運，希望他善加運用，並祝他能乘運而起再創佳績。

故事說到這裡，好像可以結束了，不過基於學術研究，還有一點我想要加以探討。正官和七殺代表一個男生的小孩，這位先生生有二子，老大較為匪類，平常喜歡打電動，唸到高一就休學了，有時兩三天不回家，曾做過收取保護費的事情，家裡會接到警察局打來電話那種；老二則乖巧聽話，讀書認真。我們看八字當中水為喜用神，但是年支辰土當中的正官癸水，是進入墳墓的癸水，沒有什麼大用，可以代表老大；時干的癸水是真正的喜用神，可以代表老二；我們論命者一般會說：「你與其中一個小孩有緣」，我想探討的是，當庚子大運到來，子水可以救出躺在辰墓當中的癸水，如果在這樣的運勢，加上長輩耐心的關注和教導，這個走偏的老大，是不是可以浪子回頭呢？希望是可以的，何不盡力試試？

Chapter 3

福禍相倚

藤攀樹而生，樹循藤而長，
藤繞樹而死，樹死也纏藤。

1／財星過多，不一定是好事

如果一個八字的地支同時出現巳、午、未三個字，那麼二話不說，我們可以認定這個八字的火是相當的強，因為巳、午、未三會南方火，這個時候我們就要注意出生的月份是在夏天嗎？巳、午、未三個字是緊緊相連嗎？經過仔細的觀察，我們才能夠比較有把握的去判定這個八字的吉凶禍福。

【地支藏人元】

己未	己巳	甲申	庚午
己丁乙	丙庚戊	庚壬戊	丁己

【八字原局】

正財	正財		七殺
己	己	甲	庚
未	巳	申	午
正財	食神	七殺	傷官

【流年】

42	43	44
庚子	辛丑	壬寅

【大運】

07	17	27	37	47	57
庚午	辛未	壬申	癸酉	甲戌	乙亥

子女宮 老年時期 時柱	身宮（婚姻宮） 中年時期 日柱	父母宮 青年時期 月柱	祖父母宮 幼年時期 年柱	
七殺		正財	正財	天干
庚金	甲木	己土	己土	
午火	申金	巳火	未土	地支
丁火傷官	庚金七殺	丙火食神	己土正財	
己土正財	壬水偏印	庚金七殺	丁火傷官	
	戊土偏財	戊土偏財	乙木劫財	
死	絕	病	墓	歷程
	劫煞 孤辰 紅鸞	驛馬 文昌		神煞

五行分布

自我 75		非我 565		
水（印）30	木（比劫）45	火（食傷）220	土（財）190	金（官殺）155

大運

87	77	67	57	47	37	27	17	7
戊土 寅木	丁火 丑土	丙火 子水	乙木 亥水	甲木 戌土	癸水 酉金	壬水 申金	辛金 未土	庚金 午火

流年

44歲	43歲	42歲
2022 壬水 寅木 年	2021 辛金 丑土 年	2020 庚金 子水 年

上面是一位女生的八字，她出生在初夏的農曆四月，地支同時出現巳、午、未三個字，並且這三個字並沒有緊緊相連，我們仔細的來看看這個八字吧！

年柱己未為天透地藏的土，月柱己巳，地支巳火生天干己土，換句話說這個八字年柱跟月柱，也就是幼年時期跟青年時期都是一片火土，時柱的地支還有一個四正午火，遙遙的與巳、午三會為南方火，由此可知這個八字的五行當中火土相當強旺，火生土，所以重點就在土囉！

【八字拆解】

OOOO

午O巳未

土的天敵是木，木剋土，它的意思是－樹木用它的根把泥土鞏固住，控制土不會崩潰消散、不會造成土石流；既然這個八字的土重，我們應該馬上看看八字五行當中木行的強弱，參考這個八字的地支藏人元，我們可以看到整個八字的木只有日主甲木，另外還有未土當中的乙木；在十二長生歷程當中，未是木的墳墓，躺在墳墓當中的乙木，和甲木的距離相當遙遠，木行分散不團結，結構沒有力量，所以這個八字的木行本身是衰弱的。

經過上面的解析，我們可以瞭解，木剋土，土是日主甲木的財，所以說這是一個財多身弱的八字。正財代表一個女生的爸爸，月柱是父母宮，正財在父母宮非常的強旺，星宮同位，整個父母宮完全看不到母親偏印的影子（偏印是一個女生的母親），代表父母宮由父親掌權，財多身弱不能夠任財，代表會受到父親的壓力，自己沒有力量抗拒、沒有表示意見的餘地，這是財多身弱的她，在父母宮的一個現象。事實上，這位女生的爸爸在家中非常的跋扈，而且還會經常毆打媽媽，換句話說，這是個家暴的家庭，她有好幾次想帶媽媽出走，當然是想要保護好媽媽的，在論命時，她的爸爸已經過世了。

財多身弱、土旺木衰，當然希望走到木的大運流年來加強這個木，或者走到水的大運流年來幫助這個木，因為水生木嘛！套句專業的術語，就是這個八字的喜用神是水跟木；既然水是這個八字的喜用神，八字當中長生在申金當中的壬水就是偏印，也就是她的母親，母親長生在中年時期，長生在日柱地支婚姻宮，我們就可以知道她和母親之間的緣分是很深厚的，而且可以知道青年時期過後，進入中年時期，或者說結婚以後進入婚姻宮，命運就會產生好的轉變，看到這樣的八字，我們是可以建議來論命的人早點結婚的，學理上就是早點結婚，不就早點脫離原生家庭，提前進入婚姻宮嗎？

接下來我們來談談她的配偶，既然喜用神壬水出現在婚姻宮，肯定婚姻宮是不錯的，雖然庚金七殺並不是日主甲木所要的，但是因為申中除了庚金之外，還有長生的壬水，這就應證了《滴天髓》這本書中所說的「殺印相生」，意思就是庚金生壬水，壬水生甲木，既然七殺代表她的先生，她的先生應該是在社會上擁有地位、擁有權柄的，事實上這位女生的先生是一間以生產記憶卡著名的公司主管，對她也的確照顧有加。

我們觀察到這個八字的地支，另外有地支六合當中的巳申合，並暗化為水，這是這個八字一個很好的現象，因為巳申合，喜用神的水暗暗的被催化出來，這就是一個可以得到貴人幫助，可以得到長輩提攜的一個顯象。

人生漫長，難免會有吉凶禍福，巳、午、未三會為火，最擔心的就是巳中的庚金會被旺火銷熔，庚金長生在巳，而月柱地支巳火代表青年時期，那麼風險就在青年時期囉！那麼什麼時候是容易發生巳、午、未三會，導致庚金銷熔的一個時空呢？

我們觀察這個八字，巳、午、未三個字並不是緊緊相連，午跟巳、未當中還夾雜著其他的地支，所以這個巳、午、未三會是在彼此相互等待，等待午火什麼時候靠過來，靠到右邊來跟巳、未三會，吉凶悔吝生乎動，我們可以理解當子水沖動午火的時候，就是巳、午、未三會為火的時候。

這位女生在2020年庚子年，子午相沖，巳、午、未三會為火，本來辛金是代表一個人的呼吸系統，包括肺部、氣管、支氣管、鼻子…等器官，這個八字當中沒有辛金只有庚金，可以用庚金來代表辛金，而且巳中長生的庚金是位於月柱，代表肩、胸的部位，所以這位女生在2020年庚子年，被診斷得了肺腺癌，2021年辛丑年，本命、大運、流年巳酉丑三合為忌神官星，並且透出流年天干拘身[1]，她在2021辛丑年動手術開刀治療，所幸壬水長生在申，中年時期是偏印貴人相當強旺的時空，得以平安度過，並沒有大礙。

她來找我，主要是為了轉換工作跑道的事情，她的職稱雖然是工程師，但是實際上她做的卻是幫老闆處理一般行政事務，也就是做老闆的秘書，剛好公司有一個計劃經理的職缺，老闆問她有沒有意願擔任這個職位，這就是她來論命的目的。我看這個八字甲木周遭都是庚金七殺，都是有權勢、居高位的人，在2022年壬寅年，寅申相沖，這個八字最重要的

註1 天干拘身：正官約制拘束日主，正官本來就有「拘身」的功能，身就是日主，八字的主人。

壬水被沖動了，沖動之後有流失不見了的疑慮，偏印貴人流失，在工作上可能比較辛苦；這個時候就面臨一個抉擇，如果對計劃經理這個職缺很感興趣，那就應該接受並且準備在寅申相沖的年度接受挑戰，藉以吸取相關的知識經驗，在不好的時空沉潛學習、忍耐度過，未來才有發揮的能力；如果對計劃經理這樣的職位不是非常的有興趣，那麼因為跟大老闆、跟庚金七殺之間有那麼多相處的緣分，就不必離開權力核心，而去做計劃經理了，我提供了這樣的解析，讓她自己去思考，自己做抉擇。

有個新職缺，有沒有
興趣挑戰看看？

2／青年有成，不代表人生永遠順遂

在漢代以前，中國人是在冬至那一天過年的，漢代以前遵循周公的土圭法測影，那就是豎起八尺高的標杆，在中午時分觀測標杆的影子，結果發現在一年當中，夏至日標杆的影子最短，也就是代表夏至日白天最長，黑夜最短；冬至日標杆的影子最長，也就是代表冬至日白天最短，黑夜最長。周公採用土

【地支藏人元】

丙申	戊子	己未	丙寅
庚壬戊	癸	己丁乙	甲丙戊

【流年】

63	64
丁酉	戊戌

【八字原局】

正印	劫財		正印
丙申	戊子	己未	丙寅
傷官	偏財	比肩	正官

【大運】

06	16	26	36	46	56	66
己丑	庚寅	辛卯	壬辰	癸巳	甲午	乙未

子女宮 老年時期 時柱	身宮（婚姻宮） 中年時期 日柱	父母宮 青年時期 月柱	祖父母宮 幼年時期 年柱	
正印		劫財	正印	天干
丙火	己土	戊土	丙火	
寅木	未土	子水	申金	地支
甲木正官	己土比肩	癸水偏財	庚金傷官	
丙火正印	丁火偏印		壬水正財	
戊土劫財	乙木七殺		戊土劫財	
死	冠	絕	沐	歷程
驛馬	寡宿 紅鸞	將星		神煞

五行分布

自我 280		非我 360		
火（印）130	土（比劫）150	金（食傷）60	水（財）230	木（官殺）70

大運

86	76	66	56	46	36	26	16	6
丁火 酉金	丙火 申金	乙木 未土	甲木 午火	癸水 巳火	壬水 辰土	辛金 卯木	庚金 寅木	己土 丑土

流年

68 歲	67 歲	66 歲
2022 壬水 寅木 年	2021 辛金 丑土 年	2020 庚金 子水 年

圭法測影得的結果，以一年當中日影最長的冬至日，作為新的一年開始，所以周朝的正月，是從冬至日開始，以冬至作為歲首。漢武帝之前，中國人過年的時間點就是「冬至」，基於這個學理，再經過多年論命的實際驗證，在這裡我告訴大家，我採用的是冬至換年柱的法則，意思就是你的出生日期如果過了冬至那一天，那麼你的八字年柱就要更換到下一年了，這就是冬至換年柱的內涵。

整個宇宙當中有一個不變的定律，那就是所有的星辰運轉都是朝著平衡的方向去發展，八字的學理也是遵循同樣的原則，八字當中的五行一般都是不平衡的，當大運、流年如果來了某種五行，會讓整個八字產生平衡，更加的流通、更加的順遂，我們就把那個五行稱為喜用神，精確掌握到喜用神之後，整個吉凶禍福的變化就瞭然於胸了，當然，前提是你必須準確的抓到喜用神到底是什麼才行。

這次要談的是一位男生的八字，他出生日期已經過了冬至，所以更換年柱；如果你學習命理已經超過五年，我建議你先花三十分鐘把這個八字好好的看一看，掂一掂這個八字的喜用神是什麼，經過自己用心的拿捏之後，再接下去看我的說明，所抓的喜用神是否跟你一樣？或者完全不一樣？

乍看之下，天干出現兩個正印夾命，一生貴人不斷，地支四正子水有土來規範，似乎是個大富的格局，如果是這樣子的論法，那就未免過於粗糙了。

首先，我要把這個八字拆解成兩個部分，也就是拆解成兩個國家一般；參考【八字拆解】圖，八字拆解開來之後，似乎就變得比較清晰了，左邊的六字，火生土旺，就連時柱的丙寅也是木來生火，很容易感覺出火土一片；右邊的二字，申子半合為水，金生水旺，整個八字的金水落在年月二柱的地支；喔！原來這是一個土水相戰的格局啊。

我們再繼續看下去，火土一片團結而有力，申子金水被壓制在地支，過了月柱，過了青年時期之後，就再也無法延伸、發揮了；簡單的說，就是金水受到了掣肘、受到了限制。

緊接著，我們再來看看干支的結構，年柱丙申，天干的丙火壓制地支的申金；月柱戊子，天干的戊土合住地支子中癸水，並且

【八字拆解】

丙己戊丙　ＯＯＯＯ
寅未ＯＯ　ＯＯ子申

戊癸合化火，又有為火加分的趨勢；天干和地支之間的關係，也大幅降低了金水的能量；反觀日柱已未，天透地藏的土，時柱丙寅，木生火旺，天干和地支之間相濟有情，大幅加強了火土的能量。

也許有人會問：土的天敵是木，這個八字裡不是有木嗎？木剋土，是不是可以削減掉土的能量呢？好問題！我們一起來看一看。前面已經說過了，時柱丙寅，寅中甲木非但沒有任何剋土的意思，反而去生助天干的丙火；尤有甚者，寅中甲木暗合未中己土，甲己合化土，又再度的增加了土的能量；那未土當中不是還有一個乙木嗎？可惜！十二長生歷程當中木行入墓在未土，未土當中的乙墓是墓氣，木是死後才進入未墓的，所以根本起不了作用。經過這樣的解析，我們可以知道日主己土不但非常強旺，而且沒有木的天敵，八字當中已經沒有任何五行能夠剋制日主了，沒有天敵的己土將會狂妄囂張到什麼程度呢？

這是一個有困難度的八字，經過層層的解析，我們可以確認這個八字的喜用神是金水，忌神是火土，接下來我們就來看看這位先生發生了些什麼事情。

這位先生從小桀驁不馴，只相信自己，誰的話都不聽，想法永遠跟別人不一樣，是個父母親非常頭痛的小孩；但是他非常聰明，大學畢業之後，創立一家景觀園藝公司，跟他合作的工匠師傅都說他很有才華，但是情緒控

管有問題，整天罵人，好像不罵人自己會受不了一般。他跟板橋ＸＸ集團合作，包辦了很多景觀工程，在青年時期就財發數幾千萬，於是進口車一部一部換，也開始投資房地產，因為青年有成，所以目空一切，野心越來越大。年月二柱地支申子合化水，水由長生的申走到刃地的子，代表愈來愈好，在壬辰大運，地支申子辰三合為水並透出天干，整個事業在青年時期達到了最高峰。

月柱地支子中癸水是偏財，我們曾多次提到四正偏財，一生無論是財富名利或女人，都是大起大落，非常的戲劇化。這位先生登上事業高峰之後，有諸多羅曼史，其中一樁是與部屬發生感情，這位女主角為了避開他而到日本求學，他甚至遠追到日本去，四正偏財追求女人的強烈性格由此可見一般。

他對花卉、花球有相當的研究，能夠用雕刻、破壞花球的方式，再創造出新品種的花卉。為了將花球行銷到全世界，他聽信一個逃亡到美國票據通緝犯的話，移民前往洛杉磯，購置了大片土地，大量栽培花球。跟票據通緝犯這種人合作當然是很不牢靠的，但是他個性剛愎，所有親友的勸阻通通無效，就是一意孤行，結果移民到美國之後，他開始面臨人生最黯淡的時期，包括：睡在寒冷的車房裡面、墨西哥工人被煽動不聽指揮、車外有人蓄意要傷害他、座車的剎車油莫名漏失⋯等等，他覺得生命受到了重大威脅，最後帶著僅剩的花球，倉促而狼狽地逃回台灣。這件事發生的時空是在癸巳運，四十八歲壬午年，命、歲、運地支巳午未三會為火，沖撞子水，幸好天干有戊土合住癸水，癸水偏財沒有完全流失，所以還能帶回一部分花球，但是家產已經消耗殆盡，只能想辦法重新再出發。

再出發的腳步總是艱難的，跟銀行借貸了不少錢，重新租地、整地，種植花球、販賣花卉，往日的風光已經不再。甲午大運，六十四歲戊戌流年，地支寅午戌三合火局，沖子，公司財務發生困難，無法償還銀行貸款，又是到處找親友幫忙，借貸度過難關；在這個艱困的時刻，他居然堅持要到尼泊爾去爬K2世界高峰，他說山上有個聲音在召喚他，所以一定要去，當然諸多親友全部反對，力勸他不要前往，可是你知道的，以他這種偏執的個性是不會聽別人規勸的，在財務那麼困難的狀態之下，還是飛到尼泊爾去爬他的山，這種己土強旺、比肩無制的個性，大家就可以有一些感受了。

正官代表一個男生的女兒，這個八字時柱地支寅木當中的甲木正官，暗合進入日柱地支未土當中的己土，所以這位先生有個很能幹的女兒一直協助他、不斷的幫助他，這個女兒在結婚生子之後，依然是如此，這可以說是這個八字聊堪自慰的一樁。

有時候我會想，如果每個人都看得懂他自己的八字，那麼他人生的腳步、所做的抉擇，會不會有什麼不同？能不能夠扭轉一個人一生的命運呢？比如說，八字顯示命中血光較多的人，就應該去投保意外、醫療等保險，藉由眾人的力量來幫助自己，當然，自己更要養成謹慎駕駛交通工具的習慣；又比如說，八字顯示命中錢財不多的人，那麼他就要非常重視儲蓄，絕不輕易奢華浪費，俗話說天公疼憨人，一枝草一點露，冥冥當中必定會有護佑的力量；像上述八字的這位先生，如果在青年時期能夠建立一個正確的人生觀，不要過度膨脹自己的野心，那麼他在厄運來臨之前就有機會懸崖勒馬，或是縮減整個投資的金額，拒絕與違法亂紀的人合夥，這樣的話他的人生應該可以得到大幅度的改善，您說對嗎？

3／出身富貴，但求親情溫暖

生在門庭顯赫家庭的人，不一定能得到家庭的溫暖，也不一定能得到比較好的照顧，反之，一般正常小家庭的小孩子，反而容易在溫馨的氣氛中成長，兄弟姐妹之間的感情，也比較能夠和睦，因為要爭要奪的標的沒有那麼多嘛！下面這個八字是一位生在豪門之家的男生，可惜他並沒有太多令人羨慕的際遇。

【八字原局】

正官	正官		偏財
戊	戊	癸	丁
辰	午	丑	巳
正官	偏財	七殺	正財

【地支藏人元】

戊	戊	癸	丁
辰	午	丑	巳
戊乙癸	丁己	己癸辛	丙庚戊

【大運】

04	14	24	34	44	54
己	庚	辛	壬	癸	甲
未	申	酉	戌	亥	子

【流年】

31	33
戊	庚
戌	子

子女宮 老年時期 時柱	身宮（婚姻宮） 中年時期 日柱	父母宮 青年時期 月柱	祖父母宮 幼年時期 年柱	
偏財		正官	正官	天干
丁火	癸水	戊土	戊土	
巳火	丑土	午火	辰土	地支
丙火正財	己土七殺	丁火偏財	戊土正官	
庚金正印	癸水比肩	己土七殺	乙木食神	
戊土正官	辛金偏印		癸水比肩	
胎	冠	絕	養	歷程
劫煞 孤辰 天喜 天醫 地網	寡宿		地網	神煞

五行分布

自我 115		非我 525		
金（印）40	水（比劫）75	木（食傷）30	火（財）235	土（官殺）260

大運

84	74	64	54	44	34	24	14	4
丁火 卯木	丙火 寅木	乙木 丑土	甲木 子水	癸水 亥水	壬水 戌土	辛金 酉金	庚金 申金	己土 未土

流年

35 歲	34 歲	33 歲
2022 壬水 寅木 年	2021 辛金 丑土 年	2020 庚金 子水 年

我們先來研究一下八字的原局，參考下面的八字拆解，我們可以看到戊、辰、戊、午、丑、丁、巳等七個字，不是火就是土，整個八字當中火生土旺，而且是以土為中心，土是這個八字的病，既然知道了土是病，那我們趕緊來找找看，藥在那裡？木剋土，木就是藥，整個八字只有年支辰土當中藏有乙木，這是唯一的木，但是落在辰庫之中，有朝一日沖開辰庫，辰中乙木才能飛出發揮作用。

接下來我們看看日主癸水，參考上面的地支藏人元，癸水通根在丑中庫氣，以及辰

【八字拆解】

丁O戊戊
巳丑午辰

中墓氣，癸水的力量衰弱；金能生水，八字當中的金藏在丑中墓氣以及巳中長生之氣，金行也不強，簡單的說這位先生本人的元神是衰弱的，是需要幫扶的，所以這個八字的大運流年，喜水來幫扶日主兼收調候之效。

對日主而言，忌神戊土是正官，年柱戊辰，月柱戊午，前半生正官重重；月柱代表父母宮，午中丁火偏財代表父親，地支午火生天干戊土，我們可以做出幾個推理：

1. 年月二柱完全看不到印星，在家中是否爸爸掌權？媽媽的地位無足輕重？
2. 他的爸爸是不是當官的？還是握有很大的實權？
3. 在青年時期，他的原生家庭是不是會帶給他很大的壓力？
4. 天干戊土洩化地支午火，也就是正官洩化偏財，青年時期他的財氣是不是因為某些緣故被洩化掉，開銷很大？

5. 天干戊土洩化地支午火，這是一種血光或嚴重的發炎跡象，他是否曾經遇到過重大血光，或肩胸部有某種嚴重發炎的現象？

6. 日主癸水衰頹，天干卻出現兩個戊土爭合一個癸水，這位先生是否跟很多老闆或握有實權的人很有緣？戊癸合化為火，火生土，他對老闆、對長官是否忠心耿耿，盡心盡力毫無保留，但本身卻得不到應有的報酬？看完了八字原局，我們就可以大膽的做一些假設，然後再小心求證，這才是科學方法，你說對嗎？

研究完了八字原局之後，我們一邊參考他的大運流年，一邊來看看他的故事。己未大運，天透地藏的七殺，與日柱天剋地沖，地支巳午未三會為南方午火偏財，由於日主身弱不能任財，恐怕會失去偏財，而偏財正是代表一位男生的爸爸；他的爸爸是南部道上赫赫有名的人物，勢力橫跨政商兩界，在他小時候爸爸就娶了三個老婆，媽媽是大房，加上爸爸會打媽媽，媽媽受不了，所以在他小學三年級的時候父母就離婚了，他和他的妹妹跟媽媽一起生活，由於他長的很像爸爸，所以媽媽不喜歡他，他有一個奶娘，跟奶娘很親，由奶娘帶他長大。

庚申大運，申辰拱水，水為喜神，運勢稍有轉機；十六歲他就到天母學習做義大利麵，住在老闆家裡，老闆待他很好，是他的貴人。他自己賺錢，支撐家裡的生活開銷，可是他與媽媽的互動，只有純粹支付金錢而已；他

跟名歌星周杰倫一樣，患有僵直性脊椎炎，是比較嚴重的第四期，一旦發病，也就只有奶娘會照顧他了。

辛酉運，地支巳酉丑三合為偏印貴人，偏印是你不認識他，也不用去求他，他自己會突然出現的貴人；他在天母義大利麵店，遇見了一位台商，將他挖角到上海的餐廳工作，他隻身前往，希望能夠在那邊開闢出一番事業。

在上海的餐廳，他掛階經理，權力很大，待遇也很好，幹了數年之後，由於一來媽媽的身體狀況不好，二來想要修補他與媽媽之間的感情，所以在2018年戊戌年，31歲時他回到台灣了；回台之後，他到一間本土味濃厚的餐廳工作，那家餐廳由第二代子弟接班了，底下的元老重臣管不動，所以借重他的管理能力以及過去經營的經驗，進行了一些整頓。

前面有提到他想修補他與媽媽之間的感情，所以他每週請媽媽吃三次飯，可惜事與願違，媽媽只把他當成搖錢樹，沒多久，媽媽就叫舅舅一起來吃，緊接著舅舅又帶其他人來一起吃；另外，媽媽不但經常跟他要錢，還叫他要拿錢給舅舅，加上節慶花費以及自己本身的開銷，到了2020年庚子年，33歲時他已經花光積蓄並且入不敷出，打算跟銀行借錢，為了能多賺一些錢，他還打算去兼第二份工作；自己一片孝心，渴望得到溫暖的親情，卻反而受到母親現實無情的對待，當僵直性脊椎炎發作時，會讓他有痛不欲生的感覺，就在這個時候，意想不到的事發生了。

辛酉大運的最後一年，2020年庚子年，他33歲，因為妹妹的網路帳號被盜用了，警察找他妹妹去問話並協助調查，當然必須要先驗明正身，結果一看到他爸爸的名字，警察告訴他們，他有管道可以聯繫上爸爸，問他們是否有接觸的意願？他猶豫了，經過這麼多年的失散，爸爸並沒有主動尋找他們，如今透過管道聯繫，爸爸會願意與他們相認嗎？幾經考慮，心想：「大不了再被傷害一次而已，也沒有什麼差別了！」，終於同意進行接觸，於是再透過另一位道上大哥的引見，他爸爸終於訂定日期、時間和地點，要和他見面了。

依約定的時間，他到了南部，就在爸爸所擁有飯店旁邊的房宅，經過了長長的通道，還有多位小弟的盤查，終於見到爸爸了，由於他長得很像爸爸，根本不需要多說就直接相認了，他問爸爸一個長久放在心裡，他最想問的一個問題：「為什麼你都沒有找過我們？」，沒想到這一問卻無意間發現一段了難以想像的秘辛！

爸爸家大業大，並且子女眾多，內部爭奪不斷，其中以三娘最為能幹也最有手段，爸爸很多的事業體，已分配給第二代接手管理，當然，三娘所生的子女分得最多。媽媽的哥哥，也就是前面所提到的舅舅，也是個道上人物，可是因為貪婪、不講義氣，是他爸爸最看不起的人，為了不讓他回來認親分財產，三娘買通了舅舅，一個在內，一個在外，阻止他回來相認，所以為了保障他的安全，這次的見面是在極秘密的狀況下進行，而且只有極少數的心腹知道。

爸爸從抽屜裡拿出預先準備好厚厚一疊的鈔票，堅持要他收下，並且囑咐他一定要保持低調，有什麼事就聯絡某位信得過的長輩，不要與他直接聯絡，他會在外圍的事業體幫這位先生做好安排，這位先生告訴我說：「哇，我認識了好多重量級的人物喔！」，日主癸水，喜歡合官，就是這樣子的啦！

聽故事之餘，我們也要來探討一下學理，2020 年庚子年，流年與原局地支子午沖，沖動原局父星偏財，所以能夠與父親相認，更重要的是下一個大運是壬戌運，辰戌相沖，沖開木庫，《滴天髓》一書有云：「生方怕動庫宜開」，木庫打開用神飛出，木能剋土，旺土得到制約，對這位先生來講當然是很有利的，故事就只能寫到這裡了，因為他接下來的際遇，我也莫宰羊了。

Chapter 4

有情世間

茫茫人群中，你望見那雙炙熱的眼眸，
是唯一？還是過客？

1／情聖或情癡，只在一線之間

絕大部分的人都喜歡財，也喜歡官，所以有人說八字論命無非就是看財看官，似乎也有那麼一點道理，但是在八字領域當中，財多不一定能夠得到很多的錢財，官多也不一定能夠當大官，或說不一定能夠掌握很高的權力，財多或官多，也要看看日主的元神夠不夠強旺，能不能夠任財、任官。

【地支藏人元】

甲	丁	辛	辛
午	卯	巳	卯
丁己	乙	丙庚戊	乙

【八字原局】

正財	七殺		比肩
甲	丁	辛	辛
午	卯	巳	卯
七殺	偏財	正官	偏財

【流年】

64	65
丁	戊
酉	戌

【大運】

04	14	24	34	44	54	64
戊	己	庚	辛	壬	癸	甲
辰	巳	午	未	申	酉	戌

子女宮 老年時期 時柱	身宮（婚姻宮） 中年時期 日柱	父母宮 青年時期 月柱	祖父母宮 幼年時期 年柱	
比肩		七殺	正財	天干
辛金	辛金	丁火	甲木	
卯木	巳火	卯木	午火	地支
乙木偏財	丙火正官	乙木偏財	丁火七殺	
	庚金劫財		己土偏印	
	戊土正印			
絕	死	絕	病	歷程
咸池 天喜	亡神	咸池 天喜		神煞

五行分布

自我 140		非我 500		
土（印）40	金（比劫）100	水（食傷）0	木（財）335	火（官殺）165

大運

84	74	64	54	44	34	24	14	4
丙火 子水	乙木 亥水	甲木 戌土	癸水 酉金	壬水 申金	辛金 未土	庚金 午火	己土 巳火	戊土 辰土

流年

69 歲	68 歲	67 歲
2022 壬水 寅木 年	2021 辛金 丑土 年	2020 庚金 子水 年

一個八字首重結構，上面是一個結構不太理想的八字，大家可以先試試看，你能不能看出這個八字結構有什麼不理想的地方呢？

這是一個男生的八字，出生在春天卯月，四正卯月是木最強的月份，卯月卯時，天干又透出甲木，所以這個八字的木行是相當強旺的，大家再看看月柱卯木被巳火、丁火、午火等三個火包圍，而年干的甲木被丁火、午火包圍洩氣，另外、兩個卯木中間夾著一個巳火，就像兩個卯木同時爭相去生助巳火一般，整個八字的呈象就是木生火旺，

【神煞】

甲午	丁卯	辛巳	辛卯
	咸池 天喜		咸池 天喜

也就是財生官殺，八字當中丁火、甲木、卯木、巳火、卯木、午火等，木、火一片，財殺連結一氣，正官和七殺又緊緊的貼臨日主，對日主是相當不利的，經過這樣的解析，大家是否有感覺了呢？

我們曾經說過，四正偏財在月令，就可以直接論斷這個人有很強旺的偏財性格，這位先生的確如此，他口才很好，善能交際應酬，在團體當中經常妙語如珠，非常的活耀。偏財是四方之財，需要很大的精力去追逐獲得，這位先生也很擅長拉生意，可惜的是他是替別人拉生意，自己卻得不到利益，故事很精彩，我們留在後面再來討論。

這個八字月柱地支以及時柱地支都是卯木，卯木是日主辛金的偏財，也就是一個男生的爸爸，爸爸坐鎮在父母宮，偏財又生助天干的丁火七殺以及日支的巳火正官，那麼可以知道爸爸在家裡是相當有權威，對他的管教是超嚴格的。藉著這個八字我們來談談宮位重現的問題，卯木偏財父母宮重複出現，象徵了父母宮的遷移，當然重點是父親偏財，事實上這位先生的父親從浙江來到台灣，又從嘉義遷居到桃園，這是父母宮宮位重現可以知道的一些內涵。

我們來看看這個八字的地支藏人元，我們可以看到整個八字當中並沒有水，並且在青年時期，在一個人求學讀書的時空，大運也看不到水，所以這位先生的食神、傷官是很弱、很不明顯的，青年時期食傷很弱，一般學歷都不高，的確這位先生也只有專科的學歷。天干兩個辛金，通根在巳火當中的庚金，日主辛金有根，可以知道這位先生命中有朋友的助力，簡單地說，這個八字病在木生火旺，而水能制火，金能剋木，所以需要水、金的大運流年來幫助他，換句話說，喜用神就是水和金啦！

接下來，我們來談談這個八字的感情問題，這個八字正財在年柱的天干，正財遠離，正財代表一個男生的太太，而四正的偏財重複出現，偏財代表婚姻以外的感情，由此可知這個八字本身就是不喜正妻偏愛妾的呈象，偏財強旺的人追求女生時，手段千奇百怪，能夠很快速的得到異性的歡心，他很容易得到女人，但是也很容易失去女人，一生無論是感情或錢財，都是大來大去，來的快去的也快，充滿了戲劇性，

這就是偏財不像正財那麼穩定的一個特質；這裡有一點我們要注意，那就是四正偏財是力量最大的偏財，所以一旦碰到令他動心的女人，他會毫不猶豫地衝出去，盡全力去追求，因為他擁有的是四正偏財，而且還重複出現喔。

神煞不是正統陰陽五行論命的範圍，但是流傳已久的神煞，我們拿來做個參考，有時候也很有幫助，關於神煞有機會我們會再做深入討論，在這裡我們直接拿來講解和參考。這個八字的特色就是偏財帶咸池桃花，神煞當中有三大桃花，那就是咸池、紅鸞和天喜三大桃花，其中以咸池桃花的影響力為最大，在命理界的應用也最廣，這個八字偏財帶咸池桃花，那就是婚姻外面的女人帶有很重的桃花，可以說是個萬人迷，眼眸顧盼、風情萬種，很吸引男生，當然你要說有狐騷味也不是不可以，這位男生偏財帶咸池桃花又有天喜，喜歡的女生當然不是姿色平凡的小家碧玉囉！

我們就來說說這位男生的愛情故事吧，他一生的愛情故事多不勝數，但是其中最重要的有兩段感情。他在專科畢業之後，考上法警，就在法院上班，不久認識了一位還在大學唸書的女生，兩人情投意合共同租屋居住，他為了表示愛意，曾經騎著野狼機車載女友環島一周，也為了兩人未來的幸福，他另外再兼職一份的工作，努力存錢，當然所賺的錢全部交由女生保管，這位女生也曾經懷了愛的結晶，但因時空環境不允許而墮胎。後來女方家長反對他們在一起，這位女生決定聽從父母的話，前往美國繼續唸書，男生是個重感情的人，分手之前他把這幾年賺到的錢都給了這個女生，幫助她完成美國夢，當然我們可以說這段戀情的結局是人財兩失了。

後來他娶妻生子，過了一段平靜的生活，一交癸酉大運，卯酉相沖，沖動了偏財卯木，他認識了一位社區大學歌唱班的老師，這位老師的確是個萬人迷，聲音好聽，眼神顧盼流輝，據這位先生自述，當他一看到老師的眼睛，他自己就把持不住了。他幫了老師很多忙，例如架設音響設備、燒錄ＣＤ片、幫老師的父母找外傭、載老師還有老師的父母去踏青、幫老師在社大之外所開的歌唱班招攬學生、幫老師熬湯、做便當……等，可想而知，他的太太非常的不滿，爭吵多年無效之後跟他離婚，並且拿走他僅有的一間房子，那應該是他所有的財產了，離婚之後他自己租了一間頂樓加蓋的房間居住，靠著法警的退休金過活，一個人住在冬冷夏熱的頂樓，令人有點孤苦無依的感覺，重要的是能夠繼續為老師服務，能夠繼續照顧老師，您認為他是當代的大情聖呢？還是一個無可救藥的情癡呢？

在因果理論中，有前世欠債今世還的說法，我在從事命理工作的過程當中，多次體會到我們很可能是要來討某些人的債，同時也要來還某些人的債，因此而出生在這個世界上的，您相信因果理論嗎？

2／伴侶有時是自己的投影

很多人都知道，看一個八字必須星宮同論，比如說正官可以代表一個女生的先生或情人，所以如果要判斷她的老公，當然要看正官，但是不能漏掉婚姻宮的情形，否則就會失之毫釐差之千里了。這個章節我們要談論的重點就是星宮同論，也許會讓你覺得很驚訝，因為就算經驗豐富的我，也無法在沒有

【地支藏人元】

戊申	庚壬戊
戊午	丁己
癸酉	辛
壬戌	戊辛丁

【流年】

53	54	55
庚子	辛丑	壬寅

【八字原局】

天干十神	干支	地支十神
正官	戊申	正印
正官	戊午	偏財
	癸酉	偏印
劫財	壬戌	正官

【大運】

10	20	30	40	50	60
丁巳	丙辰	乙卯	甲寅	癸丑	壬子

子女宮 老年時期 時柱	身宮（婚姻宮） 中年時期 日柱	父母宮 青年時期 月柱	祖父母宮 幼年時期 年柱	
劫財		正官	正官	天干
壬水	癸水	戊土	戊土	
戌土	酉金	午火	申金	地支
戊土正官	辛金偏印	丁火偏財	庚金正印	
辛金偏印		己土七殺	壬水劫財	
丁火偏財			戊土正官	
衰	病	絕	死	歷程
	咸池			神煞

五行分布

自我 290		非我 350		
金（印）190	水（比劫）100	木（食傷）0	火（財）150	土（官殺）200

大運

90	80	70	60	50	40	30	20	10
己土 酉金	庚金 戌土	辛金 亥水	壬水 子水	癸水 丑土	甲木 寅木	乙木 卯木	丙火 辰土	丁火 巳火

流年

55 歲	54 歲	53 歲
2022 壬水 寅木 年	2021 辛金 丑土 年	2020 庚金 子水 年

任何資訊的情況下，推斷出實際發生的狀況，可是事後仔細回推想想，所有發生的情境，並沒有違背學理喔！

這是一位女生的八字，我們來看看她的八字結構，從【八字拆解】的左圖我們可以看到癸、酉、壬等金水一國，另外，戊、午、戌等火土一國，可是金水、火土之間並沒有交戰的意思，天干癸水反而跟戊土相合，也就是天干五合當中

【神煞】

戊申
戊午
癸酉
壬戌

咸池

【八字拆解】

OO戊O	OOOO	壬癸戊戊
OO午O	戌酉O申	O酉午O

的戊癸合；從【八字拆解】的中圖我們可以看到地支申酉戌三會西方金，但是中間隔著一個四正午火，阻撓申酉戌的三會；從【八字拆解】的右圖我們可以看到四正午火的天干為戊土，當午火被沖動時候，天干戊土會將地支午火洩出，午火被洩出了、午火不見了，就會造成地支申酉戌三會西方金，讓八字原局產生不小的變化。

這個八字日柱身宮帶有咸池桃花，我們用這個八字簡單介紹一下咸池桃花，首先找到年柱地支是申，申的三合是申、子、辰，其中申是長生之地、子是四正刃地、辰是墓地，三合長生的下一位就是咸池桃花了，比如說這個八字年柱地支三合的長生是申，申的下一位是酉，那麼酉就是咸池桃花啦。

我們看到年、月天干兩個戊土正官爭合日主癸水（天干五合當中戊癸相合），月柱天干的戊土更加強旺，因為有坐下的午火相生，另外又直坐酉金咸池桃花，就知道這個女生異性緣非常好，她臉上經常帶著淺淺的笑容，講話聲音嗲嗲的，看起來乖乖的，難怪男生看了都會喜歡。月支午火是父母宮，八字當中沒有丙火正財，所以可用丁火偏財代表這位女生的父親，偏財父星生助天干正官，並合住日主癸水，也代表她的爸爸對她管教相當嚴格。

她十九歲就認識了第一任男友，由於機會很多，當然選擇了一個超級帥哥為男友，不料這位帥哥三個月後就劈腿了，她為這件事傷心了四年，她得到了一個寶貴的的人生經驗：「嗯，帥哥不可靠！」。

在繼續講下去之前，我們必須先來談談日柱地支酉金偏印，有四正偏印貼臨的人，大都臉上沒有表情，善能保守秘密，離群而孤立，不喜歡參加社交活動，並與六親緣薄；咦，如果是這樣，為什麼這個女生臉上經常帶著微笑，而且與人互動熱絡，能夠融入人群呢？經過與她詳談之後，才發現原來這個偏印的特質，在她先生身上展露無遺，日柱地支除了是身宮之外，也是配偶宮，換句話說，這個四正偏印是配偶的個性，而不是她本人的個性。

既然帥哥不可靠，為了確保這一生牢靠，那就找一個忠厚老實的，至於其貌揚或不揚，就不強求了。於是在丙辰大運，1994甲戌流年，她二十七歲，流年與大運地支辰戌相沖，辰土與日支酉金相合（地支六合當中辰酉合），辰中戊土正官合入本命，她認識了一位遠房姻親的男生，這位男生是在公園路燈管理處工作的公務員，長得不怎麼樣，看起來還算忠厚，完全符合條件，於是經過一年的交往，他們就結婚了，沒想到婚後卻發現她先生有不為人知的另外一面，那正是四正酉金偏印的內涵，我們就來談談四正酉金偏印投影在她先生身上的兩三事。

其一、偏印剋制食傷，所以偏印重的人，經常面無表情，喜怒不形於色，不善表達。她說：「我先生日常生活中幾乎不講話，根本不知道他在想些什麼」。

其二、偏印離群、孤立、孤獨、孤僻。她先生下班後就待在房間裏，只做他喜歡做的事，沒事不會出房門。

其三、偏印不善交際應酬，處理人際關係對偏印而言是一種壓力。有一次難得參加工作單位的員工旅遊，每當同事們聚在一起，聊天聊得氣氛熱絡時，他就會獨自一人跑得遠遠的去抽煙，把她丟下，讓她獨自去和他的同事互動，令她非常的不解。

其四、偏印由於不善言辭，所以無法面紅耳赤的與他人爭辯，也不會為自己爭取權益。她說，每當有連續假日或發生颱風天災時，要出臨時勤務，別的同事總是有無法出勤務的理由，而她先生接到單位電話時，總是無法拒絕，但是出完勤務回家後，心中卻是非常鬱卒，覺得太不公平；另外，有一次開車出了車禍，先生躲在她的背後，讓她自己獨自跟肇事的對方談判處理，也是讓她覺得難以理解。

其五、偏印希望事情是在有條理、有規劃的狀態下進行，難以接受突如其來、意料之外的情事。在結婚之前，她就已經懷孕了，先生認為不在他的計劃之內，所以主張拿掉，她堅持不肯，於是生下一個兒子，先生因而不喜歡這個兒子，對兒子態度非常冷漠。

其六、夫妻兩人最後終於離婚（後面會再提及），離婚之後，因為公務員有子女教育補助費用可以申請，這位女生為申請補助事宜與她前夫聯絡，沒想到她前夫不聞不問、置之不理，嗯！的確是有夠絕情。

經過上面所講的點點滴滴，我想大家對偏印應該會有更深入的瞭解了，如果大家身邊有偏印強旺的人，不要只看到他的怪，應該試著進入他的內心的世界，以這個八字為例，她的先生下班之後經常待在房間內，沒事不會出房門，那麼就應該去看看先生都在房間內做些什麼事？涉獵的是什麼領域？偏印專精而不廣泛，可以深入某些特殊領域，如果你能體會到、感受到那個領域，說不定會讓你眼界大開，讚嘆這世界的玄妙喔！

偏印過重，六親緣薄，甲寅大運的最後一年，2016年丙申流年，這位女生四十九歲，流年地支申金沖動大運地支寅木，大運天干甲木傷官，剋制原局戊土正官，她和她先生離婚了，一子一女全部支持媽媽的決定，並表明意願要和媽媽一起生活。回顧她這二十年的婚姻，前十年走乙卯大運，大運卯木與婚姻宮酉金相沖，後十年走甲寅大運，大運甲木傷官剋制原局戊土正官，當知這二十年的婚姻生活並不好過。還有再次的婚姻或感情嗎？看起來是有的，你們看八字原局主要有三個戊土正官，第一個戊土正官坐申金之上，金洩土氣所以無力，維持了三個月；第二個戊土正官坐在午火之上，火生土旺所以強而有力，維持了二十年；第三個戊土正官落在時柱，就是戊土的本氣，因為落在時柱，所以對方的年齡可能較日主本人年輕喔！

我告訴這位女生，當遇到子年的時候要特別小心，因為子午沖，午火被沖掉了，申酉戌直接三會西方金，偏印會變得非常強旺，偏印剋制食神，很容易被騙或做錯決定，另外，午火就像身體內部的血液，午火被沖動後，再被天干的戊土洩出，那不就是一種血光之象嗎？我問她：「妳 2020 年庚子流年有發生血光嗎？」，她想了想告訴我沒有，不過當年投資股票做錯決定賠了不少錢（丁火亦是偏財，被天干戊土洩出），過沒多久她馬上又告訴我：「不過我在 2008 年開車載我女兒出去的時候出了車禍。」，2008 年是戊子流年，她能夠自己主動回推過去印證命理當中的變化，不禁讓我心裡暗暗讚嘆，不愧是擁有四正偏印的女生啊！

3／緣盡也須好聚好散

地支六合分別是子丑合化濕土、寅亥合化木、卯戌合化火、辰酉合化金、巳申合化水、午未合化燥土等，我們要注意到地支六合的重點是一陰一陽相互結合，既然如此，我們直接會聯想到的就是男女之間的感情問題了，沒錯！要探討男女之間陰陽相吸的感情問題，當然離開不了地支六合。命理學博大

【地支藏人元】

干支	藏人元
己巳	丙庚戊
乙亥	壬甲
丙子	癸
丁酉	辛

【八字原局】

天干十神	干支	地支十神
傷官	己巳	比肩
正印	乙亥	七殺
	丙子	正官
劫財	丁酉	正財

【流年】

28	29	30	31	32	33	34
丙申	丁酉	戊戌	己亥	庚子	辛丑	壬寅

【大運】

03	13	23	33	43	53
甲戌	癸酉	壬申	辛未	庚午	己巳

子女宮 老年時期 時柱	身宮（婚姻宮） 中年時期 日柱	父母宮 青年時期 月柱	祖父母宮 幼年時期 年柱	
劫財		正印	傷官	天干
丁火	丙火	乙木	己土	
酉金	子水	亥水	巳火	地支
辛金正財	癸水正官	壬水七殺	丙火比肩	
		甲木偏印	庚金偏財	
			戊土食神	
死	胎	絕	祿	歷程
將星		驛馬		神煞

五行分布

自我225		非我415		
木（印）95	火（比劫）130	土（食傷）45	金（財）130	水（官殺）240

大運

83	73	63	53	43	33	23	13	3
丙火 寅木	丁火 卯木	戊土 辰土	己土 巳火	庚金 午火	辛金 未土	壬水 申金	癸水 酉金	甲木 戌土

流年

34歲	33歲	32歲
2022 壬水 寅木 年	2021 辛金 丑土 年	2020 庚金 子水 年

精深，地支六合各有各的意義，在這個單元，我們要探討的是地支六合當中的巳申合化水，巳火本身是剋制申金的，申金畏懼、屈服巳火的炎熱而與巳火相合，但是經過一段時間之後產生了變化，申金不再屈服巳火的威攝壓迫，它反而釋放出長生在申金當中的壬水，最後傷了巳火。所以就感情來講，巳申相合，合化為水，是一種有後患、有隱憂的結合，是比較不理想的結合，我們就用下面這個男生的八字來說明「巳申合化為水」的變化以及實際上發生的現象。

首先來看一下這個八字的拆解，左側地

【八字拆解】

丁	丙	乙	O	O	O	乙	己
酉	子	亥	O	O	O	亥	巳

支酉子亥，地支一片金水；出生在冬天亥月，地支又一片金水，那就要考慮到調候的問題了，幸好，天干丁、丙、乙，天干一片木火；依我的經驗，天干和地支的力量相比，大概是1：3，天干1地支3，所以地支的力量遠遠勝過天干，這是一個金水旺相的八字，金水多情，子、酉又是四正桃花，可以知道這位先生上輩子應該欠了不少感情債的喔！

接下來，我想談談這位先生的六親關係，對一個男生來講，正印代表他的母親，偏財代表他的父親，傷官代表他的祖母，偏印代表他的祖父，這個八字年、月兩柱天剋地沖，地支巳、亥相沖，巳火當中長生的庚金偏財，剋制亥水當中長生的甲木偏印，天干乙木正印剋制己土傷官，一般我們都會直接論斷，這個八字的父母宮與祖父母宮不合，感情不睦而少有往來，如果你是這樣看，那你就錯了，這個八字不是這樣的！

如果你仔細看，月柱乙亥、年柱己巳，都是地支生天干，相生有情，年支巳火當中長生的庚金偏財父星，被沖出去之後，合進月柱天干乙木，月支亥水當中長生的甲木偏印祖父，被沖出去之後，合進年柱天干己土，而且甲己合化土，乙庚合化金，又是土金相生，父母宮與祖父宮往來熱絡、互動頻繁，套一句專業術語，那就是乍看天剋地沖，其實真氣往來，所以這位先生的父輩與祖輩之間，完全沒有感情互動的問題，我在這裡特別加以敘明，因為這種真氣往來的情形，頗具學術價值。

八字原局既然有了巳亥相沖，那麼就很怕碰到申金的大運、流年，因為巳亥沖、巳申合，巳火就很容易動，吉兇悔吝生乎動，一動他的問題就會顯現了。

他在二十三歲交入壬申大運，亥水沖巳火，巳火合出，與大運地支申金相合，巳火主動合出，申金被動與巳火相合，而巳火當中的本氣是丙火比肩，可以知道是這位金水多情的先生主動出擊的，下面我們就來講講他的故事囉！

壬申大運，2017年丁酉年，他二十九歲，巳火合出，與流年酉金半合為財，他認識了一位醫美診所的美容師，年長他九歲，認識才過兩個月，這位女生就懷孕了，但在懷孕初期就流產流掉了，隨後這位女生離開了醫美診所，他花了大概二十來萬，幫這位女生開了一家美容店，讓這位女生去經營，初期似乎一切都還穩定美好，但可能女生的年紀較大，對自己就比較沒有信心，所以慢慢的就想控制他的行動，甚至他和公司的同事聚餐，女生都心存狐疑，對他失去信任。

令他最為記憶深刻的是，有一次他們出國去菲律賓去玩，這個女生很喜歡飼養小動物，他忘了帶流浪貓狗的飼料出去，惹得女生很不高興，認為他是故意的，於是女生脫隊，不跟團體走，並與當地菲律賓人走的很近，跟他們一起喝酒縱情言笑，把男生給晾在一旁，他忍無可忍，和這位女生發生爭執，結果兩人協議分手，並提早回國。

故事還沒完，很掃興的提早回國，到了桃園機場，這位女生再也按耐不住自己鬱卒不爽的情

緒，在機場大爆發，當場摔行李並大聲哭鬧，令這位男生覺得既丟人、又難堪。

大鬧機場事件過後，這位美容師反悔了，不願意分手，男生不理她、躲避她，女生就威脅要到公司找他、要到他的住處堵他，弄得這位男生疲於奔命，搬了家甚至想換工作，那一年2020庚子年，男生三十二歲，他來問我：「我該怎麼辦？」，你們說，他該怎麼辦呢？

我看這段緣份，起於壬申大運巳火合出，經過一段歲月之後，巳申合化為水，反噬巳火，還好壬申大運只走到三十二歲，換句話說，巳申合化為水的象已經快過了，所以我要他惡話不出口，儘量忍她、勸她、鼓勵她，但是目的和方向要很明確，就是讓彼此慢慢的疏遠，如果能夠發展為普通朋友，以善緣收場那是更好；這位先生接受了我的建議，沒有為了逃到其他縣市而換工作，並在辛未大運，2021年辛丑年回報我說：「的確，已經雲淡風輕了」，善哉！

人生很漫長，故事說完了，但是生命仍然會繼續走下去，日、時二支的子、酉是牆外桃花，他是不是能夠記取經驗教訓而有所改變，那我就不得而知了。

基於學術研究，我想再談談這位先生的身體狀況。巳亥相沖，亥是月令，力量強大，又有旁邊子水的助陣，所以亥勝巳敗；在這裡我要點出兩個要點，其一、丙火代表一個人的小腸，庚金代表一個人的大腸，而丙火小腸、庚金大腸都遭到沖動，另外日支代表一個人的上腹部，這個八字日支是最強旺的四正子水，導致這位先生經常拉肚子，腸道甚弱；其二、丙火居於五行的最高位，可以代表一個人的頭部或精神狀態，這個八字巳中丙火受到沖動，又被天干己土洩出，經他證實，他的睡眠品質不好，晚上經常會莫名其妙的醒來，夢境也很繁多，這是因為丙火被天干己土洩出，陽亢不能入陰（入睡）的緣故啦！

4／每一種感情都值得被尊重與理解

2019年臺灣成為亞洲第一個、世界第27個實行同性婚姻的國家，這對同志朋友們來講，可以說是一個尊重、一個認同，我也替他們感到高興；同性戀本身並不符合陰陽相互吸引的道理，自古以來都說「孤陰不長、獨陽不生」，但是凡事有常態就必定有變卦，隨著同志朋友前來論命的趨勢不斷上升，不禁讓我這個命理工作者覺得使命更

【地支藏人元】

天干	地支	藏干
庚	午	丁己
辛	巳	丙庚戊
戊	戌	戊辛丁
丁	巳	丙庚戊

【大運】

歲	大運
2	壬午
12	癸未
22	甲申
32	乙酉
42	丙戌
52	丁亥

【八字原局】

十神	天干	地支	十神
食官	庚	午	正印
傷官	辛	巳	偏印
	戊	戌	比肩
正印	丁	巳	偏印

子女宮 老年時期 時柱	身宮（婚姻宮） 中年時期 日柱	父母宮 青年時期 月柱	祖父母宮 幼年時期 年柱	
正印		傷官	食神	天干
丁火	戊土	辛金	庚金	
巳火	戌土	巳火	午火	地支
丙火偏印	戊土比肩	丙火偏印	丁火正印	
庚金食神	辛金傷官	庚金食神	己土劫財	
戊土比肩	丁火正印	戊土比肩		
祿	墓	祿	刃	歷程
亡神	華蓋	亡神		神煞

五行分布

自我 450		非我 190		
火（印）295	土（比劫）155	金（食傷）190	水（財）0	木（官殺）0

大運

82	72	62	52	42	32	22	12	2
庚金 寅木	己土 丑土	戊土 子水	丁火 亥水	丙火 戌土	乙木 酉金	甲木 申金	癸水 未土	壬水 午火

流年

33 歲	32 歲	31 歲
2022 壬水 寅木 年	2021 辛金 丑土 年	2020 庚金 子水 年

加沉重，必須更慎重且更深入的去釐清，在過去陰陽五行學理上未曾提及，或有所欠缺和不足的地方。

這個章節主要探討的是同性戀朋友的感情問題。比肩和日主的陰陽屬性相同，代表同學、同事、朋友、兄弟姐妹…等平輩、平行、平位性質的人象，所以有些人認為同性戀者的感情問題，直接看比肩就對了，可是我並不這樣認為；對同性戀者而言，雖然不是標準的一陰一陽，但也是偽陰或偽陽成對的出現，所以有所謂0號或1號的區別，雖然他們的性向不在常態分配的範圍，但是本

【流年】	21	22	23	24	25	26	27	28	29	30	31	32	33
	庚	辛	壬	癸	甲	乙	丙	丁	戊	己	庚	辛	壬
	寅	卯	辰	巳	午	未	申	酉	戌	亥	子	丑	寅

質上還是脫離不了一陰一陽、陰陽相吸的道理；其實我是一個不喜歡理論太多的人，我們就拿這個八字來探討一下同性戀的成因，以及判斷感情發生的時空，雖然樣本空間是不足的，但是只要大家用心去看，就必定會有所體會。

這是一位男生的八字，他是一位0號的同志；在分析一個八字之前，我們必須先把整個八字的結構搞清楚，拿捏起來才能較有把握。

我們把這個八字拆成兩部分，左邊六個

【八字拆解】

庚辛OO　OO戊丁
OOOO　午巳戊巳

字分別是午、巳、戌、戌、丁、巳，可以看出一片火土，火炎而土焦；右邊兩個字分別是庚、辛，金行團結在一起；接下來我們來看看地支藏人元，我們可以看到到這個八字裏沒有一點點的水，也沒有一點點的木；沒有水，火就沒有天敵剋制，火會非常猖狂；沒有木，土就沒有天敵剋制，土會非常強勢。

接下來，我們來看看干支關係；年柱庚午，庚金坐在四正午火之上，也就是庚金坐敗地，這個庚金沒有太大的作用了；月柱辛巳，雖然辛金坐在巳火之上，幸好有巳中長生的庚金通根，另外還有戌庫當中的辛金做為後援，所以月干辛金是很好的、是可用的；日柱戊戌，天透地藏的戊土，相當強旺；時柱丁巳，天透地藏的火，丁火也是相當的強旺；經過層層的分析，我們可以下結論了！這個八字火炎土焦，喜用神當為金、水，以火、土為忌神，木來雖然可以制土，但是木也能生火，所以木是閒神。

土行可以代表一個人的肌肉皮膚，火炎土焦不利於皮膚，所以這位男生臉上是坑坑巴巴的，他經常需要用面膜護膚；全局沒有水財，家境不甚充裕，爸爸是水電工人，媽媽在餐廳幫忙洗碗；全局只有月柱天干辛金傷官可用，月柱代表青年時期，他在唸大學時期成績相當優秀，曾經拿到系上的書卷獎，是一個相當高的榮耀。

食神、傷官是日主所生，代表一個人外露的感情，這個八字火炎土燥，所謂燥土不生金，土燥金脆，燥土反而是脆金；加上庚金坐午、辛金坐巳，庚辛金都是坐在火地之上，所以食神、傷官受到了嚴重的扭曲，我認為這個同性戀的成因，就是食神、傷官受到嚴重的扭曲。

朋友和情人是有所不同的，我們不會要求朋友只交往自己一人，但是我們卻希望情人或配偶只專屬我們自己，簡單的說，對朋友比較沒有強烈佔有的欲望，而對情人或配偶，我們卻不希望他（她）花心或出軌，這就是我不認同用比肩或劫財去推算同志感情的原因。那麼同志的感情該怎麼看呢？以這位先生為例，因為他是0號，也就是偽陰性，我們將偽陰性視同為陰性，直接看正官或七殺的大運流年就對了！

我們來看看這位先生的感情史：

1. 2010庚寅年，寅木七殺合入本命，2011辛卯年，卯木正官合入本命，他動情了，喜歡上一位同校資訊系的男生，經過一段時間的追求未果，因為那個男生是喜歡異性的。

2. 2014年甲午年，流年天干甲木七殺，2015年乙未年，流年天干乙木正官，並且合入本命，正值他在唸碩士期間，在社團裏認識了同校植病系的男生，這位男生很體貼，會來接他下課、幫他提東西、幫他戴安全帽…等，可惜等到真情告白時，這位男生猶豫了，不敢接受他，之後雖然還是維持朋友關係，但已經不再是有感情期待的那種了。

3. 2018戊戌年，天透地藏的比肩，當年他正在服替代役期間，沒有認識任何男生，怎樣？我說的沒錯吧！

4. 2019己亥年，是甲木七殺長生的流年，巳亥相沖，沖出七殺甲木，沒有合入本命，反而合入流年天干己土，看來大概

是有緣無份了；果然，他透過交友軟體認識了他校醫學系的男生，一直交往到2020庚子年寒假過後，那個男生就再也沒回他訊息了，後來從其他會員口中得知，那個男生已經劈腿到另一所院校，也同是醫學系的學生了。

5. 2022壬寅年、2023丁卯年，又是走到了官殺的流年，我當然建議他努力追求，多多運用自己在文學、文筆上的優勢，投入一點心力改善臉上皮膚的問題，祝他能得償所願，找到感情的慰籍。

在五行當中，能夠發出聲音的，應該首推「金」行，而傷官更是開口講話之星，這個八字以辛金傷官為用，應該要往教學、演講等，靠聲帶、靠舌頭的行業去發展；事實上這位先生就是想考教師甄試，在尚未考上之前，暫時在補習班任教國文，倒也蠻符合他八字的顯象。

這種火炎土燥的格局，一生與母親、老師、長輩、貴人等無緣，他在唸研究所時期就曾遇到A教授不收他、B教授推說名額已滿、論文無法順利過關等尷尬的情形；我建議他要多吃苦，例如苦瓜、苦茶、苦杏、黃蓮等食品，以苦洩心火；另外要忌吃甜食以及花生，避免加重土形的旺氣；海鮮則要多吃，可以護腎補水，可是吃海鮮時要注意，頭部、內臟、卵黃等捨棄不要吃，因為那裏面不好的膽固醇太高了；當然還要多喝水，喝水是補水最快最直接的方法了。

Chapter 5

練習解析八字

在這片富裕肥沃的土壤，你想種些什麼？
你想得到什麼？

1 / 水能成爲滋養生長的養份，亦能成爲折毀沖損的利刃

在十二長生歷程當中，子、午、卯、酉被稱為四正，同時也被稱為四桃花、四敗之地，為什麼會被稱為四敗之地呢？我們用甲木來做說明，甲木長生在亥、沐浴在子、冠在丑、祿在寅、刃在卯、衰在辰、病在巳、死在午、墓在未、絕在申、胎在酉、養在戌，接著又長生

【地支藏人元】

癸	甲	丙	庚
丑	子	戌	寅
己癸辛	癸	戊辛丁	甲丙戊

【八字原局】

正官	偏印		偏財
癸	甲	丙	庚
丑	子	戌	寅
傷官	正官	食神	偏印

【流年】

46	47
戊	己
戌	亥

【大運】

04	14	24	34	44	54
癸	壬	辛	庚	己	戊
亥	戌	酉	申	未	午

子女宮 老年時期 時柱	身宮（婚姻宮） 中年時期 日柱	父母宮 青年時期 月柱	祖父母宮 幼年時期 年柱	
偏財		偏印	正官	天干
庚金	丙火	甲木	癸水	
寅木	戊土	子水	丑土	地支
甲木偏印	戊土食神	癸水正官	己土傷官	
丙火比肩	辛金正財		癸水正官	
戊土食神	丁火劫財		辛金正財	
生	墓	胎	養	歷程
劫煞 孤辰 紅鸞	寡宿			神煞

五行分布

自我 170		非我 470		
木（印）95	火（比劫）75	土（食傷）130	金（財）75	水（官殺）265

大運

84	74	64	54	44	34	24	14	4
乙木 卯木	丙火 辰土	丁火 巳火	戊土 午火	己土 未土	庚金 申金	辛金 酉金	壬水 戌土	癸水 亥水

流年

50 歲	49 歲	48 歲
2022 壬水 寅木 年	2021 辛金 丑土 年	2020 庚金 子水 年

在亥⋯如此循環，生生不息；其中沐浴就像一個小孩子剛剛出生之後要幫他洗澡，因為全身光溜溜的，帶有色情的味道，所以一般把沐浴稱為沐浴桃花。從古至今一些很有能力、很有才華的人，如果處理不好他們的桃花，那麼他們再好的功名，再大的事業，可能都會因為桃花而身敗名裂，造成一生的遺憾，這就是子、午、卯、酉四正桃花，同時被稱為四敗之地的一個原因吧！

十二長生歷程，陽順陰逆，陰生則陽死、陽死則陰生，重要的是陽為顯象，陰為隱象，顯象較隱象來得重要，有機會我們再

【八字拆解】

癸O丙O
丑子戌寅

慢慢來討論，在這裡我們直接將六十甲子當中，直坐沐浴的干支條列在下面，那就是：甲子、乙巳、庚午、辛亥等四組，當八字當中出現這四組干支的時候，我們就要特別加以留意，特別是甲子、庚午兩組，因為它們是陽性屬性的干支。

上面是一個男生的八字，出生在四正子水的冬天，丑是水庫，收亥、子冬水的餘氣，年柱癸丑，代表水庫當中的水又能夠透出天干，綜觀全局，水行是這個八字當中最強的五行。

丙火通根在戌土當中的墓氣丁火，以及通根在寅木當中的長生之氣丙火，日主丙火也是不弱；我們可以把這個八字分成兩國，癸、丑、子是屬於水的一國，丙、戌、寅是屬於火的一國，火國雖然不弱，但是因為子水是月令，所以火國與水國的力量相較之下，那火國就遜色多了；所以說，這個八字要用木來通關，水生木、木生火，並且喜火來加強。

喜用神已經確定了，那我們就直接來談談這個八字吧！年、月地支子丑六合，最強的四正子水合進丑土，這樣會讓潮濕的丑土更加的潮濕，丑土當中的辛金會受到影響，辛金可以代表一個人的呼吸系統、氣管、支氣管、鼻子等部位，而丑土出現在年柱，年柱是屬於頭、頸的部位，經過這樣的交叉比對，可以知道問題就會出現在鼻子，事實上這位先生就患有鼻子過敏的毛病；在幼年時期走癸亥大運，與年、月地支亥、子、丑三會為水，弱金被旺水所洩，這位先生在幼年時期還患有氣喘的毛病，一直到青年時期才慢慢好轉。

水多金沉，既然辛金的問題這麼多，辛金是日主丙火的正財，那麼同理可推，在幼年時期這位先生的財運應該也是相當的差才對吧？沒錯！的確如此，在幼年時期，過年所拿到的紅包幾乎全部都被他的小叔拿走，而出生時長輩贈送的金銀飾物，也全都被他的二叔拿走，雖然那個時候他還不懂事，但是回想起來，在幼年時期他擁有的金銀錢財都是會洩化流失的。

過去我曾經提過，月柱地支或日柱地支如果出現子、午、卯、酉四正當中的任何一個，我們就可以直接論斷這個人的個性，因為四正是非常鮮明的、不夾雜的、至純至正的地支，這個八字月令是子水正官，正官還透出天干，當然這位先生擁有非常強旺的正官心性，做事喜歡循規蹈矩，看不慣別人昧著良心行為非作歹之事；這位先生在年輕的時候多次擔任班代表，在大學時期還擔任系學會的會長，充分的顯現出四正正官並且透出天干的內涵。

接下來我要講的是這個八字的重點所在，前面我們已經判定這個八字的用神是木、喜神是火，既然如此，這個八字月柱天干透出甲木，甲木是日主丙火的偏印，偏印代表一個男生的祖父，正印代表一個男生的母親，這個八字全局沒有乙木正印，所以可以用偏印來代表母親，那麼這位先生是不是在青年時期，可以得到祖父、母親、老師、長輩…等，屬於印星所代表的人物，得到這些人的疼愛和照顧呢？如果你是這樣想、這樣判定的，那就大錯特錯了！

事實上這位先生與祖父、母親、老師…等類型的人都無緣，沒有得到特別的照顧，母親還經常離家出走，回憶小時候，他和他的爸爸經常到處尋找他的母親，找不到時，兩個人就默默相對無言，無奈地搖頭苦笑，最後他的母親乾脆直接削髮為尼出家去了，令他無語問蒼天。甲木代表我們人體器官當中的膽，這位先生在庚申大運，地支寅申相沖，天干庚金剋去甲木，結果他的膽囊經常發炎，最後動手術割掉了膽囊，所以朋友都笑他不是膽小如鼠，而是連膽都沒有，當然這是開玩笑的啦！上面我講了這麼多，重點就是要告訴大家，這位先生失去了甲木所代表的親人，也失去了甲木所代表的器官。

甲子本身就是甲木坐在最旺的子水上面，也就是甲木坐沐浴敗地，如果旁邊沒有其他的地支讓甲木通根，那麼甲木就很容易

漂浮流走，感覺很容易失去甲木一般；這位先生在癸亥大運，更是亥、子、丑三會為水，在這麼強旺的大水之下，甲木會飄走、流走，我們當然是不難體會到的。

日柱丙戌，戌土的地支藏人元是戊、辛、丁，戊土是食神，辛金是正財，在婚姻宮食神與正財同柱，食神生正財，正財是一個男生的老婆，代表這位先生非常疼老婆，也代表到了中年時期，這位先生的錢財會日漸豐隆，因為戌土就是日主丙火的財庫啦！正財在庫中不會輕易的流失，可見這位先生是相當節儉的，在財務上是相當有規劃的，事實上也的確如此，這位先生很擅長採買東西，經常貨比三家不吃虧，他總是能夠買到最物美價廉的東西；正財被鎖在庫中，這也象徵著他的太太會經常地待在家中，絕不是常常出門交際應酬、到處串門子那一類型的；上面講的這些，其實都是庫的內涵罷了。

我替這位先生感到高興，因為目前中年時期，走進日柱丙戌的影響範圍，丙戌是丙火坐在火的墳墓上，丙火本身元神還不夠強旺，晚年走進時柱庚寅的影響範圍，寅、戌拱合暗化為火，寅中的木、火都是這個八字的喜用神，54歲之後大運走戊午運，到時候填齊寅、戌拱合，變成寅、午、戌三合為火，這位先生的事業應該可以達到巔峰。用了這個八字寫書，在這裡我也作下預言，這是我送給這位先生的一份禮物，也祝福他心想事成。

2／你以爲要對抗的，其實只要放手就好

旺極宜洩不宜剋，這是八字取用神的一個方法，那麼什麼狀況下我們可以說一個八字的某種五行已經達到「旺極」的標準，只能洩它而不能剋它呢？下面我提供一些法則供大家參考：

在八字當中，如果❶地支出現寅卯辰三會東方木，且又出生於卯

【地支藏人元】

戊辰	乙卯	戊辰	甲寅
戊乙癸	乙	戊乙癸	甲丙戊

【八字原局】

比肩	正官		七殺
戊辰	乙卯	戊辰	甲寅
比肩	正官	比肩	七殺

【流年】

34	35
辛丑	壬寅

【大運】

08	18	28	38	48	58
丙辰	丁巳	戊午	己未	庚申	辛酉

子女宮 老年時期 時柱	身宮（婚姻宮） 中年時期 日柱	父母宮 青年時期 月柱	祖父母宮 幼年時期 年柱	
七殺		正官	比肩	天干
甲木	戊土	乙木	戊土	
寅木	辰土	卯木	辰土	地支
甲木七殺	戊土比肩	乙木正官	戊土比肩	
丙火偏印	乙木正官		乙木正官	
戊土比肩	癸水正財		癸水正財	
生	冠	沐	冠	歷程
驛馬 天醫	華蓋			神煞

五行分布

自我 230		非我 410		
火（印）30	土（比劫）200	金（食傷）0	水（財）20	木（官殺）390

大運

88	78	68	58	48	38	28	18	8
甲木 子水	癸水 亥水	壬水 戌土	辛金 酉金	庚金 申金	己土 未土	戊土 午火	丁火 巳火	丙火 辰土

流年

35 歲	34 歲	33 歲
2022 壬水 寅木 年	2021 辛金 丑土 年	2020 庚金 子水 年

月，❷地支出現巳午未三會南方火，且又出生於午月，❸地支出現申酉戌三會西方金，且又出生於酉月，❹地支出現亥子丑三會北方水，且又出生於子月；或是❶地支出現亥卯未三合東方木，且又出生於卯月，❷地支出現巳酉丑三合西方金，且又出生於酉月，❸地支出現寅午戌三合南方火，且又出生於午月，❹地支出現申子辰三合北方水，且又出生於子月等，這時候我們應該再注意到，會合出來的五行有沒有透出天干？如果條件通通都成立，那麼會合出來的五行勢必會強旺到極點，符合「旺極宜洩不宜剋」的法則了。

過於強旺的五行，只能用宣洩的方式化解掉它的力量，不能夠直接用沖剋的方式去抵銷它的力量，這就是「旺極宜洩不宜剋」的道理，因為太強的沖剋，會導致整個八字分崩離析，產生兩敗俱傷的結果，一般人都會承受不起，那樣肯定不是一種福氣，我們接著來看看這次的例子。

這是一個男生的八字，地支寅卯辰三會東方木，並且出生於卯月，天干又再透出甲、乙木，月柱乙卯，乙木天透地藏，時柱甲寅，甲木也是天透地藏，全局木行非常非常的強旺，所謂「旺極宜洩不宜剋」，所以這個八字肯定要用寅木當中的丙火來作為用神，意思就是當火的大運、流年來的時候，整個八字木生火、火生土，五行的流通就得以通暢順遂，對日主相當有利。

日主戊土，也就是說這個八字的主人是戊土，我們當然要來關心土行的強弱啦！年柱戊辰，是天透地藏的土，日柱是戊辰，也是天透地藏的土，另外還有一個戊土長生在時支寅木當中，所以這個八字的土行也是不弱，但是土行與木行相較之下，木行比土行要強旺很多，因為生於春天，春天木旺，寅卯辰三會為木，其中的辰土有變化為木的趨勢，所以木強而土弱，既然木強土弱，那麼如果大運、流年來了土，當然是日主所喜歡的，是對日主有利的，套用專業術語就是——這個八字的喜神是土。

土代表一個人的肌肉、皮膚，喜用神是土的人代表他很需要土，所以會比較重視自己肌肉的鍛鍊，這位先生長年在健身房做重訓，肌肉的確非常的堅實；就這個八字來講，戊土是日主的比肩，比肩強旺的人有很高的自信和自尊，體能非常好，當然就會喜歡挑戰體能的運動。

這位先生目前正值青年時期，代表青年時期的月柱地支是四正卯木，天干又透出乙木，乙木是日主的正官，由此可知，這位先生有非常顯著的正官心性，做事情規規矩矩，看不慣別人偷雞摸狗，凡事喜歡按照既定的規則去處理，當然也就不會太羅曼蒂克，不是一個率性、自由自在、不受拘束、悠遊快活的人，所以一般的女生會覺得他有點無趣；正官洩化財星，財星就是一個男生的異性情人或太太，這位男生跟異性交往的過程當中，的確發生過數次這樣的經驗，所交往的異性起初發展都是不錯的，但是隨著時間久了，對方慢慢就覺得無趣又無奈，最後終於平和的分手了，正官洩化財星，就是這樣子的一個現象，與地支相沖，產生激烈衝突之後的分手，是有所不同的。

月柱也代表一個人的父母宮，父母宮是天透地藏的正官，代表原生家庭會給這位先生帶來相當大的壓力，正官拘身，我們可以

感覺的到，這位先生在青年時期過得不是很愉快，實際上發生的事情是，這位先生父母親離婚，母親的情緒控管有問題，父親向外尋求慰藉，最後跟母親離婚，而跟外面的小三再婚，離婚的過程是經過法院訴訟的，在訴訟過程中也把這位男生捲在裡面，讓他感到掙扎和無奈；正官洩化財星，與財無緣，而偏財是一個男生的爸爸，所以最後這位男生隨母不隨父，跟媽媽一起居住生活。

人生有苦有樂、有得有失，天透地藏的正官有沒有什麼好處呢？有的！這位先生在青年時期畢業之後就進入某科技公司服務，工作過程中與高階長官、與有權力的主管之間，有著很深的緣分，長官信賴他、提拔他，雖然工作負荷相當的重，但是他很快的就被拔擢為主管，可以站在比較高的位階，看到更遠、更廣的經營層面。

如果你夠細心的話，你會發現這位先生青年時期家庭的壓力、戀愛過程中，感情愈來愈淡的無奈，工作之後與長官之間的緣分較深，升官比其他的同事都來得早，這一切一切其實都是同一個正官的作用，遺憾的是我們沒有辦法選擇，選擇某些事是我們要的，某些事是我們不想發生的，因為它們都是一體的兩面，不可切割，我們如果看懂了這個命理，應該可以提升自己的哲學境界，領悟到一些玄之又玄的道理。

我們經常可以聽到有人說：「某某人是富貴命」，可是真正的命例，富貴雙全的人並不多，不是富大於貴，就是貴大於富，例如這個八字就是貴大於富的一個案例。

這個八字全局沒有一點點的金，寅卯辰三會東方木，又有甲、乙木透出天干，旺木沒有「金」的天敵，這是一種貴氣十足的八字，因為木是日主戊土的官殺，代表權力、代表官貴。

可是天下哪有十全十美的事情？我們來看看這個八字的水，水就是日主戊土的財，這個八字的水落在兩個辰墓當中，辰土是水的墳墓，寅卯辰三會東方木之後，辰墓當中的癸水很容易被旺木所吸乾，所以這個八字的財本身並不強，因為這個八字先天有這樣的缺陷，所以我建議這位先生，多體諒、多接受太太的想法和意見，並且找他太太一起運動，一起鍛鍊身體，這樣才能有比較長久相處的緣分。

八字的用途很廣，其中之一就是測地象，也就是用來看看一個人的居家環境。這個八字的父母宮是四正的卯木，地支寅卯辰三會東方木，可見的這位先生青年時期跟綠地、田野、山林⋯等相當有緣分，據這位先生自述，他跟母親的居家原本是在花蓮，窗戶一打開就可以看到一片綠意盎然的景緻，也就是生長在不是很熱鬧，而是有很多花草樹木的環境，這也是八字的應用方式之一。

接下來，我想要探討一下官殺混雜的情形，正官就像是一個文人當政，他會訂法律、建立各種制度讓老百姓遵循，而七殺就像是軍人當政，他相信槍桿子出政權，不服從命令者就抓去槍斃，用這樣的方式讓老百姓恐懼害怕，如此他得以掌控整個國家；正官和七殺同時存在，就像是文人和軍人同時主政，一會兒講法令、講規則，一會兒又採用強制的暴力壓迫人民，如此一來老百姓會無所適從，不知如何是好，導致天下大亂，所以官殺混雜的八字，就要考慮去官留殺，或者去殺留官的問題。

我們來看看這個八字的大運，大運辰、巳、午、未，一路走的都是火土的大運，所以這位先生的成就當然是可以期待的，48歲到57歲將會走入庚申大運，58歲到67歲將會走入辛酉大運，我們在前面有提過「旺極宜洩不宜剋」，在庚申、辛酉大運都是屬於金剋木的大運，那麼我們應該怎麼樣來觀察呢？

我認為，在庚申大運，庚金剋去甲木，地支申金沖去寅木，去殺留官，讓乙木正官的氣息得以更加的清純，對日主是相當有利的；但是辛酉大運，辛金剋去乙木，地支酉金和卯木對沖，這是標準的「犯旺」，也就是我們前面所說的「旺極宜洩不宜剋」的道理，在這個傷官見官時空，要特別留意官訟是非的問題，在這裡只能事先提醒留意了。

3／善用聰明才氣化解那些生命裡的災厄

我們首先來談談什麼是食神，食神與日主陰陽屬性相同，是日主所生，換句話說，也就是洩化日主的一顆星，這樣子講實在是太學術化了，我們用另外一種講法，如果你的八字日柱天干是丙火，火生土，而丙火和戊土都是陽性的，陰陽屬性相同，那麼戊土就是你的食神；如果你的八字日柱天干是癸水，水生木，而癸水

【八字原局】

正財		食神	七殺
丙	癸	乙	己
辰	未	亥	巳
正官	七殺	劫財	正財

【地支藏人元】

丙	癸	乙	己
辰	未	亥	巳
戊乙癸	己丁乙	壬甲	丙庚戊

【大運】

57	47	37	27	17	07
辛	庚	己	戊	丁	丙
巳	辰	卯	寅	丑	子

【流年】

34	33	32	31	30
壬	辛	庚	己	戊
寅	丑	子	亥	戌

子女宮 老年時期 時柱	身宮（婚姻宮） 中年時期 日柱	父母宮 青年時期 月柱	祖父母宮 幼年時期 年柱	
正財		食神	七殺	天干
丙火	癸水	乙木	己土	
辰土	未土	亥水	巳火	地支
戊土正官	己土七殺	壬水劫財	丙火正財	
乙木食神	丁火偏財	甲木傷官	庚金正印	
癸水比肩	乙木食神		戊土正官	
養	墓	刃	胎	歷程
寡宿 天喜 地網		驛馬	地網	神煞

五行分布

自我 215		非我 425		
金（印）30	水（比劫）185	木（食傷）135	火（財）125	土（官殺）165

大運

87	77	67	57	47	37	27	17	7
甲木 申金	癸水 未土	壬水 午火	辛金 巳火	庚金 辰土	己土 卯木	戊土 寅木	丁火 丑土	丙火 子水

流年

34 歲	33 歲	32 歲
2022 壬水 寅木 年	2021 辛金 丑土 年	2020 庚金 子水 年

和乙木都是陰性的，陰陽屬性相同，那麼乙木就是你的食神啦！

食神重的人，喜歡沒有壓力、悠遊自在，他比一般人來得沒有時間觀念，所以說是適合藝術家而不適合企業家的一顆星；食神也是一顆靜態的藝術之星，它可以代表繪畫、音樂、韻律、美感、文字寫作、烹調藝術、美容、美髮、服裝設計⋯等範圍。

如果我們將食神跟五行結合，那麼我們就可以更細膩的區分出食神的屬性和領域；比如說屬火的食神，離卦為火，代表美，這個食神可能偏重在美的層面，例如繪畫、美感、美容、美髮、服裝設計⋯等，也可能偏重在烹調藝術；如果食神的五行屬木，巽卦為木，代表文書，那麼這個食神可能對文字、寫作、書法、詩詞歌賦⋯等很感興趣，或者說在這方面有很高的功力；如果食神的五行屬金，兌卦為金，代表舌頭、代表發出聲音，那麼這個食神可能跟對音樂旋律、作詞作曲、歌唱…等感到興趣，並且能深入學習。

食神代表對外的人際關係，這也是值得我們探討的一環，在這裡我們應該再將食神的陰陽屬性加以區分，陽性的食神，例如甲、丙、戊、庚、壬等，比較重視人際關係，善能社交、人緣很好；陰性的食神，例如乙、丁、己、辛、癸等，則偏向於內向沉穩、理智但是任性的層面，與陽性的食神相較之下，社交能力與人緣就沒那麼好了。

在十神當中，正印跟食神是兩顆最穩定的星，日柱天干如果屬陰，那麼就有可能出現正印剋合食神的情形[1]，舉個例子來講，如果日主是辛金，

註1 剋合：正印剋制傷官，但是正印與食神陰陽屬性不同，只是半剋，不會全剋，日主為陰的人，就會有正印剋合食神的情形，例如日主辛金、正印為戊土，食神為癸水戊剋合癸，戊癸合為天干五合之一。

那麼他的正印就是戊土，食神就是癸水，戊癸相合（天干五合），就是正印剋合食神；再舉個例子，如果日主是癸水，那麼庚金就是他的正印，而乙木就是他的食神，乙庚相合（天干五合），所以是正印剋合食神；正印恬淡與世無爭，食神優游安逸沒有壓力，當這兩顆星結合在一起時，那麼這個人更是清心寡欲，提不起勁、不能設定目標去衝刺了。

講完了食神，我們該講講七殺了，七殺重的人喜歡管人或管事，他所採用的管理模式是威權、暴力、壓迫，有點像是軍人、警察、檢察官、黑道、監獄⋯等的管理模式；七殺也是代表一種強烈的直覺，果斷的洞察力，當然如果七殺太重了，就會變成一種敏感、猜忌、懷疑、偏激的心性。我們再拿正印與七殺做個對比，正印代表安全，七殺代表風險，簡單的說，如一個八字的七殺很重，要注意，這個人是很敢冒險的！

七殺洩化正財，從壞的方面講，就是不善理財、無端浪費、開銷很大、容易周轉不靈；從好的方面講，正財生七殺，就是善於運用錢財去驅使他人為自己做事，讓自己擁有掌控全局的力量，這也就是喜用神與仇忌神之間很大的區別。七殺也代表一種貴氣，八字當中最好是純粹七殺，沒有正官混雜在裡面，這樣的貴氣才高。

在十神當中，傷官跟七殺是兩顆非常有能力，但是也非常不穩定的偏星，傷官聰明驕傲、違法亂紀，七殺敏感偏激、暴力壓迫，這兩顆星如果合在一起，就會大大降低七殺的貴氣，容易交錯朋友，或與黑道、暴力、流氓等扯上關係；日柱天干如果屬陰，那麼就可能會出現傷官剋合七殺的情形，例如日主辛金屬陰，壬水是他的傷官，丁火是他的七殺，丁壬合（天干五合）就是傷官剋合七殺；再舉一個例子，日主癸水屬陰，甲木就是他的傷官，己土是他的七殺，甲己合（天干五合）就是傷官剋合七殺了。

食神可以洩出日主腦中的精華，所以代表才華，七殺是威權、職權，所以七殺如果有食神剋制，那就代表又有職權又有才華，所以說「食神制殺」是一種很好的格局，當然還是要看整個八字結構如何才能夠論斷。

講了那麼多的理論，我們還是來看看上面這位女生的八字吧！首先，我把這個八字拆解成兩組，左邊這一組，己、巳、未、丙、辰等這五個字，是屬於火土的系列，火生土；右邊這一組，乙、亥、癸等三個字，是屬於水木的系列，水生木；這樣子我們就很容易看得出，這個八字是屬於木土交戰的

【八字拆解】

丙OO己　O癸乙O
辰未O巳　OO亥O

一個八字，換句話說，也就是食神制殺的格局。

年柱己巳，正財丙火被七殺己土洩出，年柱代表一個人的幼年時期，正財代表一個女生的父親，這位女生的爸爸是個計程車司機，經常性的不在家，就算已經到了退休的年紀，還是要天天出去開車，因為在家裡總是待不住；正財被七殺洩出，這位女生幼年時期的家境不是很富裕，爸爸借錢給別人要不回來，是這位女生小時候的記憶。七殺代表威權，雖然這位女生並不是家中的老大，但是她小時候經常是班上的幹部，聽說在當衛生股長期間，對同學們的要求不少，管理非常嚴格。

月柱乙亥，亥水生天干的乙木，乙木通根在亥水當中長生的甲木，乙木相當不弱，月柱代表一個人的青年時期，也就是這位女生目前的年紀，這位女生並沒有太大的事業心，喜歡整天悠遊自在，那裡有熱鬧（例如新的百貨公司開幕）就喜歡前往看看，過著鬆散不甚積極的生活。

亥水是父母宮，巳火是祖父母宮，巳亥相沖，可以知道她的父母與祖父母之間少有往來，關係並不密切，事實上也是如此，她的祖父母很早就過世了，當然是無法往來了。

巳亥相沖，沖出亥中甲木傷官，合入年干己土七殺，傷官剋合七殺，大大降低了七殺的貴氣，並且容易碰到與黑道暴力相關的事情；另外，巳亥相沖，沖出巳中庚金正印，合入月干食神乙木，正印剋合食神，那就會更加的慵懶鬆散，不會積極的面對生活了。

從27歲開始進入戊寅大運，大運地支寅木與原局月柱地支亥水寅亥合木，亥是甲木長生的地方，寅是甲木的祿地[2]，寅亥合木的意思是甲木通門戶，也就是傷官通門戶，在這個大運當中很容易出現傷官的事情；2019年己亥年，流年與原局巳亥相沖，沖出甲木合入年干己土，傷官剋合七殺，她進入一家室內設計裝潢公司做內部行政工作，可惜那家公司的老闆跟道上朋友有金錢往來；2021年辛丑年，流年與原局丑未相沖，未土是火庫，也是這個女生的財庫，丑未相沖，沖出未中丁火偏財，財庫沖破之後偏財流失，那家公司的老闆跑路了，三不五時就有道上朋友前來討債，當然，有正印剋合食神的她不會受到黑道暴力的影響，不過，最後工作沒了，資遣費也沒有拿到，於是她連同公司會計、員工等三人，自己找到法條，具狀向法院提告，希望經由法院確定判決之後，再向勞工保險局墊償基金請求給付她們的資遣費。

註2 祿地：甲木的十二長生歷程，長生在亥，沐浴在子，冠在丑，祿在寅，刃在卯⋯⋯。

我們來做個探討，在傷官甲木通門戶的時空，很容易發生官訟之類的事情，而傷官是剋正官的，所以傷官可以代表原告，正官可以代表被告，在傷官這麼強旺的時空，具狀告老闆，當然傷官勝正官敗，沒有輸的道理，在學理上我們可以這樣看的。

最後我們來談談她的感情問題吧！食神是比較保守並且專情的，而傷官正好相反，傷官是比較開放而且濫情的。這位女生正

值青年時期，代表青年時期的月柱乙亥，天干是食神，地支有長生的傷官，也就是外表看起來專情，內心的感情世界卻是多變化的，她很容易喜歡上一個男生，可是過了不久之後又會覺得沒有感覺了。2018年戊戌流年，戊癸合，天透地藏的戊土正官合入本命，這位女生認識了一個帥氣的保全人員，這段感情維持了將近一年的時間，算是比較久了，但是後來這個男生覺得受不了她而漸行漸遠，你知道為什麼嗎？因為在月柱乙亥，食神強旺的時空，女生對異性的控制欲望是很強的，通常男生會有受不了的感覺；因為我可以直接推斷出2018年的異性緣份，她覺得很訝異，所以她願意接受我的建議，那就是在37歲進入己卯大運之後，亥卯未三合為木，更加強旺的食神剋制七殺，會讓她對異性的控制欲望更加強烈。「知道」本身就是一個力量，只要能夠事先知道，並且願意相信，就能夠警惕自己，剋制自己的心性，提前做出防範，這也正是我們研究陰陽五行重要的目的所在！

4／合有宜不宜，合多不爲奇

地支三合當中，寅、午、戌三合為火，其中寅、午半合，我們叫做「生地半合」，午、戌半合我們叫做「墓地半合」，因出現在八字結構中的位置不同，就會有截然不同的意義，這篇文章所要探討的是寅、午半合，也就是生地半合。

並不是每個人都擁有大起大

【地支藏人元】

年	月	日	時
庚	戊	戊	己
午	寅	午	未
丁己	甲丙戊	丁己	己丁乙

【八字原局】

年	月	日	時
食神	比肩		劫財
庚	戊	戊	己
午	寅	午	未
正印	七殺	正印	劫財

【流年】

30	31	32	33
己	庚	丑	壬
亥	子	辛	寅

【大運】

07	17	27	37	47	57
丁	丙	乙	甲	癸	壬
丑	子	亥	戌	酉	申

子女宮 老年時期 時柱	身宮（婚姻宮） 中年時期 日柱	父母宮 青年時期 月柱	祖父母宮 幼年時期 年柱	
劫財		比肩	食神	天干
己土	戊土	戊土	庚金	
未土	午火	寅木	午火	地支
己土劫財	丁火正印	甲木七殺	丁火正印	
丁火正印	己土劫財	丙火偏印	己土劫財	
乙木正官		戊土比肩		
衰	刃	生	刃	歷程
	將星			神煞

五行分布

自我 475		非我 165		
火（印）230	土（比劫）245	金（食傷）35	水（財）0	木（官殺）130

大運

87	77	67	57	47	37	27	17	7
己土 巳火	庚金 午火	辛金 未土	壬水 申金	癸水 酉金	甲木 戌土	乙木 亥水	丙火 子水	丁火 丑土

流年

33歲	32歲	31歲
2022 壬水 寅木 年	2021 辛金 丑土 年	2020 庚金 子水 年

落、劇情曲折離奇的人生，但是再怎麼平凡的你我，也都有我們自己的故事，接著我們就來研究一下上面這個女生的八字。

上面這位女生的八字，其實非常的簡單，幾乎可以一目瞭然，但是為了讓初學者能夠更清晰的瞭解，我還是把這個八字拆解成下面兩個部分，以便能夠加以掌握。

經過拆解之後，我們可以看出下圖左側戊、戊、己、未，四個土緊緊相連，土行非常的團結有力；下圖右側午、寅、午，木火相鄰，而且寅午半合，木生火旺，所以這個

【八字拆解】

己	戊	戊	○		○	○	○	○
未	○	○	○		○	午	寅	午

八字火行也非常的強旺；既然這個八字火、土都相當的旺盛，火土相生，那麼日主戊土可以說強旺到了極點。

全局火土強旺，再仔細看，這個八字沒有一點點的水，所以就形成一個火炎土焦的格局，火炎土焦需要水來滋潤調候，也喜歡金來生水；濕土才能夠孕育生長萬物，燥土並不是肥沃的土，所謂燥土不生金，簡單地說，這個八字日主戊土需要金水來幫忙，喜用神就是金水啦！

掌握了這個八字的喜用神之後，我們再來談談午、寅、午這一組，寅午半合為火，意思是長生在寅木的丙火去幫助最強旺刃地的午火，那如果寅木被兩個午火包圍，那意味著長生的丙火非常的忙碌，要去幫助左邊的午火，另外又要去幫住右邊的午火；長生在寅的丙火是日主戊土的偏印，也就是這位女生的母親，偏印長生在父母宮，代表母親在家中較有地位；

年支午火代表祖父母宮，日支午火代表日主的身宮，雙午合寅，代表偏印母親要照顧這位女生的祖父母，又要照顧這位女生，當然包括她的兄弟姊妹在內啦！

事實上媽媽與祖輩常有往來，在家中也的確比較有地位，她開店做生意，後來為了照顧兒女，把店面給關了，當兒女長大之後，隨而又再開店做生意賺錢，是一位辛苦持家的媽媽，媽媽操勞持家，導致身體較差，頸部有皮蛇的困擾。

月柱代表一個人的青年時期，寅中本氣甲木七殺，代表這位女生在青年時期，可以認識不錯的男友，感情發展順遂；雙午合寅，午中己土爭合寅中甲木，代表她的男友有很多人追，因為甲己合是天干五合之一；事實上這位女生的男友的確又帥又有才氣，是她班上的同學，男友超多人追，但是不要誤會，她的男友雖然很有才氣，但是一點也不花心，只鍾情這位女生，在這裡我只是把兩個己土爭合甲木的情形做個介紹而已。

我們接著看，在地支當中寅午合、午未合，所以整個地支全合，俗語說：「合有宜不宜，合多不為奇」，意思是說如果一個八字當中「合」的情形太多了，它不是一個好現象，青年時期雙午合寅，最怕的就是再出現地支六合當中的寅亥合，合多不為奇，就會出現某些不利的狀況。

27歲進入乙亥大運，30歲己亥流年，兩個亥水合入寅木，寅木被雙午雙亥所合；合代表合作、合夥，也代表羈絆、牽扯糾葛、難以展開手腳、無法動彈…等，如果加以細推，寅亥合化木，木剋土，那麼長生在寅當中的比肩戊土就會受到影響。

這位女生在一家知名的廣告公司做事，比肩代表自己，30歲己亥年，她在公司的人際關係變得非常的差，同事扯她後腿，工作時間又長，兩個主管（兩個甲木七殺長生在亥）要求非常嚴格，她負責的案子經費被大打折扣，後來整個案子被擱置了，導致她的智慧才華無從發揮，讓她感到既疲累又無奈，流年的問題靜待流年過去就好轉了。

接下來我想探討身體的問題，火炎土燥，整個八字當中看不到

水，第一個受傷害的當然是屬於水的五行，再加上屬於生殖機能的時柱是己未，是天透地藏的土，土本剋水，而且又是燥土，地支午未合，意思是午火合進未土，未土本來是燥土，午火合進去之後燥土愈燥，所以我建議這位女生，應該找一位信得過的中醫師，注意長期的生理調養；事實上這位女生的荷爾蒙與內分泌檢查報告指數有些異常，但是並沒有進一步去追蹤，另外當她MC來的時候會疼痛異常，必須要吃止痛藥，目前只有這樣子的症狀顯示，雖說如此，但是多喝水、多吃魚、少吃甜、少吃油、少吃辣⋯，依我的經驗應該是有必要的。

這個八字的日柱是戊午，看得出來中年時期容易有血光之災，因為午火如果被沖動，就會被天干的戊土洩出去，這是血光的一種現象，現在雖然還沒有到中年時期，但也會有一點點的徵兆，例如2020年庚子年，地支子午沖，午火被戊土洩出去了，這位女生就因為臉痔進行了手術割除，同理可以類推，在中年時期要注意投保醫療意外等保險，以備不時之需。

2022年壬寅年，這位女生因為想要轉換工作跑道，換到一家規模較小但是卻很賺錢的公司去服務，我推斷是在2021年的亥月，甲木七殺長生的月份，會有新公司的老闆或握有權力的主管跟她邀約，沒錯，果然是在2021年亥月該公司老闆主動邀約，我進一步分析給她聽，2022年壬寅年雙寅雙午，到了夏季兩個寅午會合化為火，因為火是忌神，並不是對她很有利的時空，但是福兮禍所倚、禍兮福所倚，人們只有在不好的時空努力學習，把眼界打開，看看會賺錢的公司到底具有什麼樣的條件，擁有什麼樣不同的特質，等到屬於自己的時空來臨，才能有更大發揮的空間，她最後有接受我的想法，採納了我的建議前去任職。

5／反吟伏吟哭泣淋淋

我們在很多命理的書籍上、經常可以看到「反吟伏吟哭泣淋淋」一這句話，聽起來怪嚇人的，什麼是反吟？那就是八字四柱當中某兩柱天剋地沖，例如年柱甲寅、月柱庚申，天干庚金剋制乙木，地支寅申相沖，這樣就構成了年月二柱反吟；那什麼是伏吟呢？那就是八字當中某兩柱完全相同，例如年柱甲

【八字原局】

偏財	傷官		食神
庚	己	丙	戊
午	卯	子	子
劫財	正印	正官	正官

【流年】

33
壬
寅

【大運】

03	13	23	33	43	53
戊	丁	丙	乙	甲	癸
寅	丑	子	亥	戌	酉

子女宮 老年時期 時柱	身宮（婚姻宮） 中年時期 日柱	父母宮 青年時期 月柱	祖父母宮 幼年時期 年柱	
食神		傷官	偏財	天干
戊土	丙火	己土	庚金	
子水	子水	卯木	午火	地支
癸水正官	癸水正官	乙木正印	丁火劫財	
			己土傷官	
胎	胎	沐	刃	歷程
		咸池 天喜		神煞

五行分布

自我 305		非我 335		
木（印）200	火（比劫）105	土（食傷）100	金（財）35	水（官殺）200

大運

83	73	63	53	43	33	23	13	3
庚金 午火	辛金 未土	壬水 申金	癸水 酉金	甲木 戌土	乙木 亥水	丙火 子水	丁火 丑土	戊土 寅木

流年

33 歲	32 歲	31 歲
2022 壬水 寅木 年	2021 辛金 丑土 年	2020 庚金 子水 年

寅、月柱也是甲寅，那就構成年月二柱伏吟了；那大家可能會接著問，「哭泣淋淋」是代表什麼意思呢？理論上「哭泣淋淋」可以代表親人過世，更重要的是它可以代表身體的疾病，這個章節就讓我們好好的來探討一下。

先前我們已經談過幾個天剋地沖，也就是反吟的例子，現在讓我們來研究一下伏吟。在實際的應用上，要見到八字當中某兩柱完全相同又相互貼臨的例子並不多，所以我們將伏吟的定義稍加簡化一點，那就是八字當中某兩柱地支完全相同又相互貼臨，我們就叫它是伏吟；既然這樣，我們就可以將伏吟再細分為三種，那就是四生伏吟，例如申申、四正伏吟，例如子子、四墓伏吟，例如辰辰等。

我們做學問要知其然，並且也要知其所以然，所以我們用心來想想，兩個相同的地支並列在一起，那是代表什麼樣的意思呢？我告訴大家，那就是一種排斥力，就像磁鐵的正極和正極放在一起，或者負極和負極放在一起，那是不是會產生一種排斥力呢？伏吟大概就是這個意思啦！

既然我們已經詳細定義了伏吟的意思，那麼我們當然可以知道子、午、卯、酉四正，它們所藏之氣至純至正而不夾雜，所以四正伏吟產生的排斥力是最大的；至於寅、申、巳、亥四生，以及辰、戌、丑、未四墓，它們所藏之氣博雜不純，四生伏吟和四墓伏吟所產生的排斥力，當然就會大大的打折扣了。

【八字拆解】

戊丙己O　O丙OO
子子OO　OO卯午

上面是一位女生的八字，這個八字有幾個特色，首先我們看到地支全部都是四正，子、子、卯、午，只差了一個酉，就四正填齊了，其中還出現兩個子水正官伏吟；其次，這個八字只有唯一的庚金偏財，並且庚金是坐在午火敗地之上，這是我們直接可以掌握到的。

接下來我們來看看八字的結構，日主丙火左右各有戊己土洩氣，坐下還有正官伏吟拘身，能夠幫助丙火的只有月令卯木正印，還有年柱地支午火，不過午火的距離遙遠，對丙火的助力恐怕是有限了；經過了這樣的層層分析，我們可以知道應該選取月令卯木為用神，喜歡火來幫扶，就是用木喜火啦！

月柱地支代表青年時期、代表父母宮，正印代表一個女生的祖父、師長、貴人等人象；事實上這位女生在家中祖父當家，祖父的地位尊崇並且對她照顧有加；正印也代表善良、樂於助人、相信因果循環、富有宗教緣份等特質，事實上這位女生有很虔誠的宗教信仰，幾乎每年大甲鎮瀾宮媽祖遶境，她都不會缺席，而且一遶就是很多天那種，可不是隨便插插花那種喲！

八字原局當中有兩個子水正官伏吟，子水是四正，這位女生既樂於助人，又喜歡居高位管理眾人之事，在她大學求學時期，同學們就送給她一個「老大」的稱號，從這件事大家就可以體會一下四正正官的星性了。

前面我們有講解過，四正伏吟是很強的相互排斥力，可以代表疾病，而日柱和時柱代表中晚年，同時也代表上腹部和下腹部，子水可以代表內分泌、子宮、卵巢等生殖機能，另外也可以代表腎臟、膀胱等器官；這位女生正值青年時期，雖然還沒有進入中老年，可是她從23歲開始就交入丙子大運，喔！又來了一個四正子水，子水三重伏吟，結果她在青年時期就得了糖尿病了。

五術是山、醫、命、相、卜，通通離不開陰陽五行，在中醫的領域裏，肝、心、脾、肺、腎分別代表木、火、土、金、水，五臟配五味，那就是肝酸、心苦、脾甜、肺辛（辣）、腎鹹，鹹屬水入於腎，以上是一些簡單的學理。在我論命的經驗裏，發現一個很奇怪的現象，那就是水很多的人，也就是說以水為忌神的人，幾乎都是喜歡吃比較鹹的食物，鹹入於腎，他們會在不知不覺富中就攝取了很多鹽分，增加了腎臟功能的負擔，在這裏要提醒大家注意，中醫所說的腎不只是西醫所講的腎臟，它還包括了內分泌、生殖、泌尿，腎為水火二臟，它也包括了命門相火，有機會我們再深入討論。這個八字有了命理的顯象，又有了實際疾病的驗證，所以我當然特別囑咐這位女生，要注意減少過鹹食物的攝取，藉以降低子水伏吟的影響力，否則到中晚年子水伏吟的時空，恐怕要為子水相關的病痛苦惱了。

年柱天干有唯一的庚金偏財，偏財是四方之財，屬於不穩定性的財源，年柱庚午，庚金坐在敗地，還好有月柱天干己土傷官生助偏財，可惜月柱己卯，地支卯木剋制天干己土，己土本身的力量也不強，所以種種跡象都說明了在青年時期，這位女生的財力不會很充裕。

23歲開始交入丙子大運，沖動了年支午火劫財，午火是日主丙火的唯一通根，劫財可以代表日主的影子，或是說另一個日主，唯一的劫財被沖動，代表一種驛動，而且沖出無合，是一種驛動很遠的跡象；這位女生大學畢業之後，隨著劇組前往中國大陸拍片，在拍片期間的確有賺到一些錢，後來因為新冠肺炎疫情爆發，她只好折返台灣；她隻身一人，用大陸拍戲賺到的錢，先後前往古巴、美國等地遊玩，又再前往韓國學習韓文，嗯！的確驛動得非常厲害，當然你可以想像得到，最後她把賺到的錢幾乎都花光了，應驗了庚金偏財坐敗地的顯象。我們也可以用另外的角度去思考，也許她所想要的不是錢，而是遊歷諸國，體驗各地風俗民情的那種感覺吧，您說對嗎？

延伸補充

1. 干支概論
2. 十神概論

1／干支概論

十天干

○十天干

甲、乙、丙、丁、戊、己、庚、辛、壬、癸

○五陽干

甲、丙、戊、庚、壬

○五陰干

乙、丁、己、辛、癸

○天干相生

甲木生丁火、丙火生己土、戊土生辛金、庚金生癸水、壬水生乙木、乙木生丙火、丁火生戊土、己土生庚金、辛金生壬水、癸水生甲木

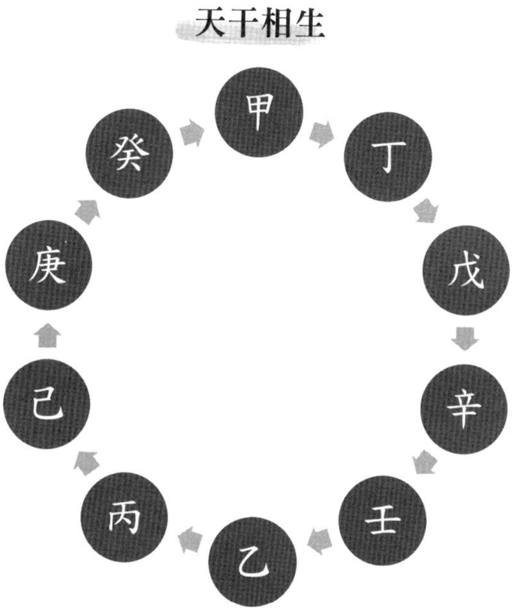

天干相生

甲 → 丁 → 戊 → 辛 → 壬 → 乙 → 丙 → 己 → 庚 → 癸 → 甲

○天干相剋

甲木剋戊土、丙火剋庚金、戊土剋壬水、庚金剋甲木、壬水剋丙火、乙木剋己土、丁火剋辛金、己土剋癸水、辛金剋乙木、癸水剋丁火

天干相剋－1

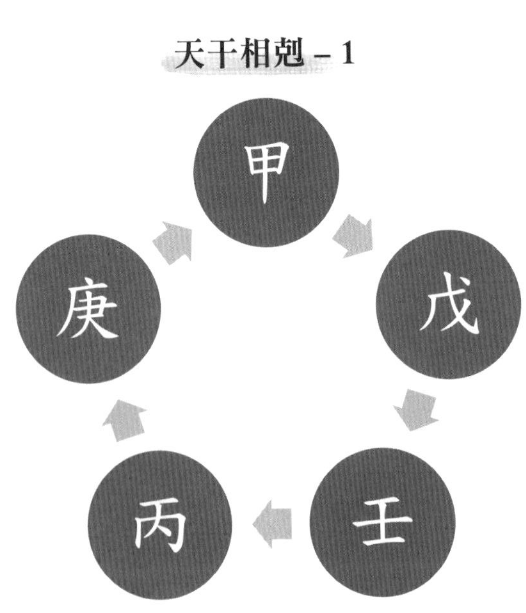

○天干五合

甲己合化土、乙庚合化金、丙辛合化水、丁壬合化木、戊癸合化火

天干相剋－2

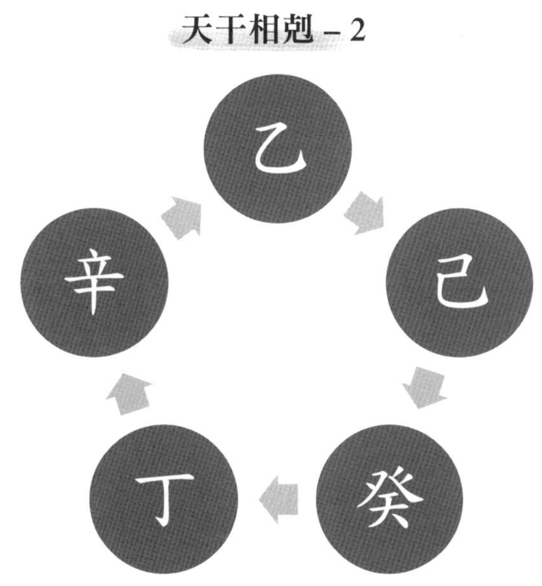

十二地支

○十二地支

子、丑、寅、卯、辰、巳、午、未、申、酉、戌、亥

○六陽支

子、寅、辰、午、申、戌

○六陰支

丑、卯、巳、未、酉、亥

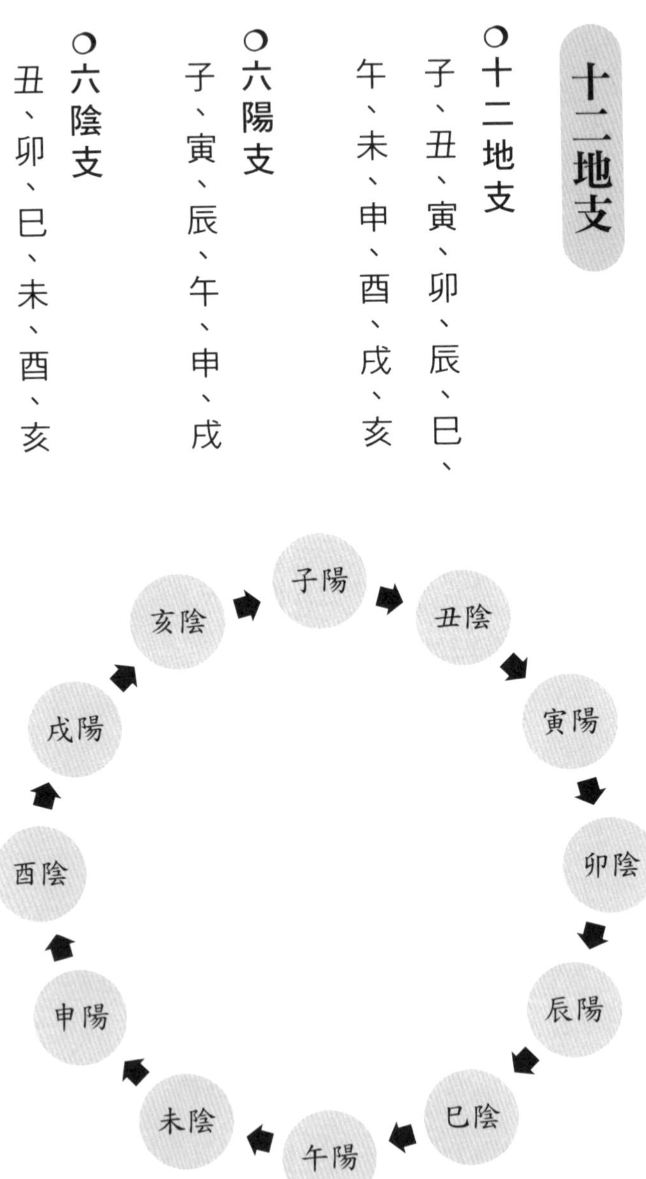

◯地支藏人元

子：癸

丑：己、癸、辛

寅：甲、丙、戊

卯：乙

辰：戊、乙、癸

巳：丙、庚、戊

午：丁、己

未：己、丁、乙

申：庚、壬、戊

酉：辛

戌：戊、辛、丁

亥：壬、甲

○地支六沖

子午沖、丑未沖、寅申沖
巳亥沖、卯酉沖、辰戌沖

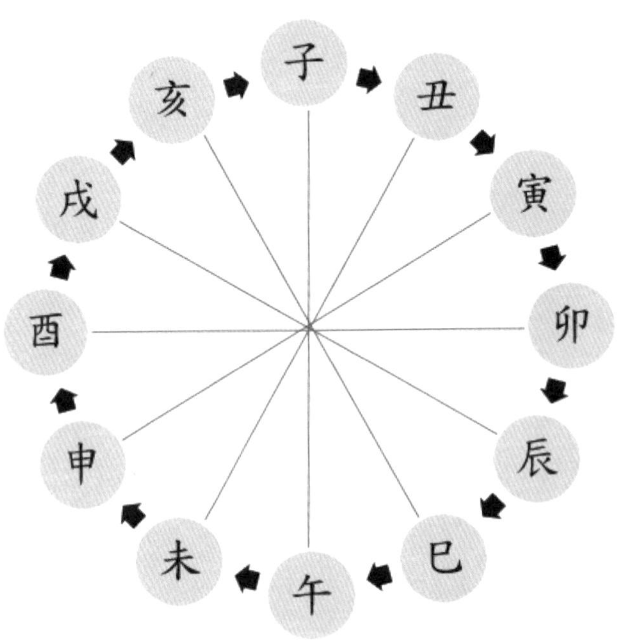

○地支六合

子丑合化土、午未合火土

寅亥合化木、巳申合化水

卯戌合化火、辰酉合化金

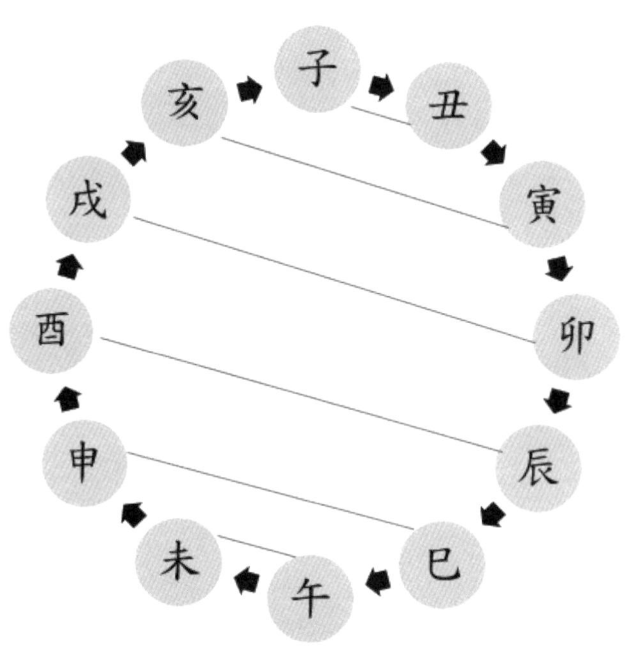

○地支三會

寅卯辰三會木、巳午未三會火、

申酉戌三會金、亥子丑三會水

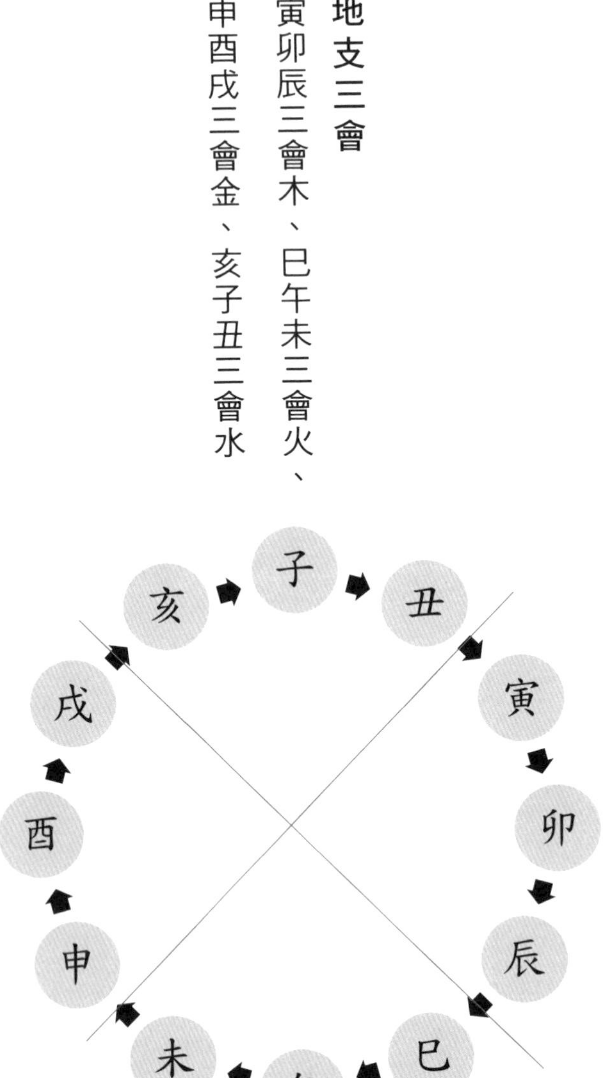

○地支三合

寅午戌合化火、申子辰合化水、

巳酉丑合化金、亥卯未合化木

○四生、四正、四墓——四生

寅：甲、丙（丙火長生在寅）、戊

申：庚、壬（壬水長生在申）、戊

巳：丙、庚（庚金長生在巳）、戊

亥：壬、甲（甲木長生在亥）

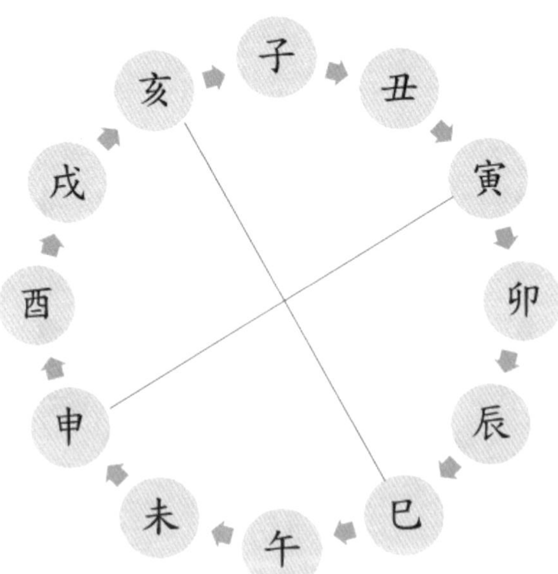

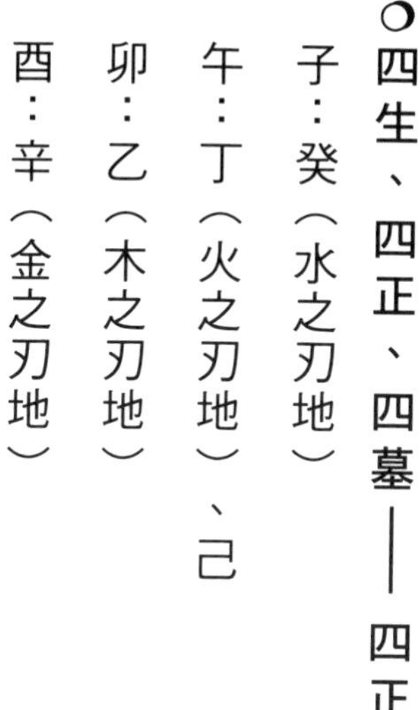

○四生、四正、四墓——四正

子：癸（水之刃地）

午：丁（火之刃地）、己

卯：乙（木之刃地）

酉：辛（金之刃地）

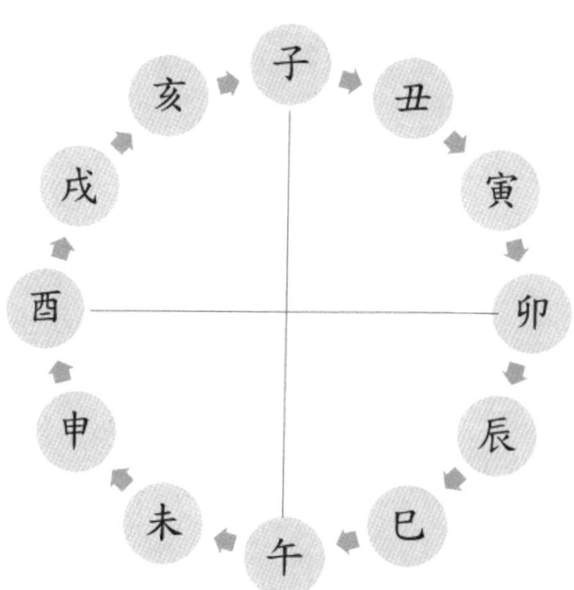

○四生、四正、四墓——四墓

辰：戊、乙、癸（水墓）

戌：戊、辛、丁（火墓）

丑：己、癸、辛（金墓）

未：己、丁、乙（木墓）

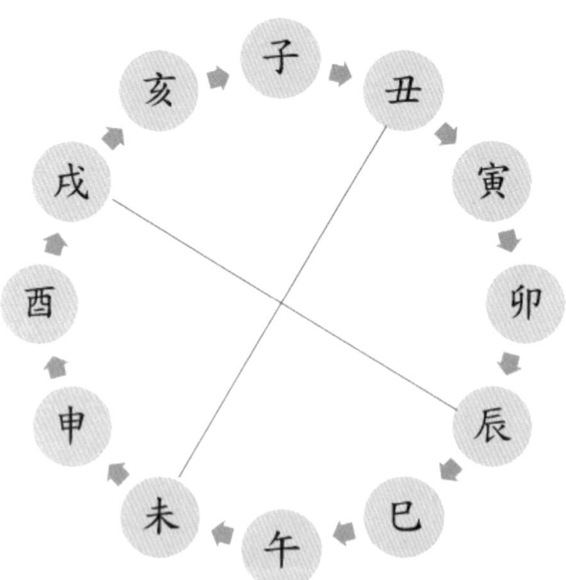

○十二長生歷程

長生（生）、沐浴（沐）、冠帶（冠）、臨官（祿）、帝旺（刃）、衰、病、死、墓、絕、胎、養

○五陽干的長生歷程

	亥	子	丑	寅	卯	辰	巳	午	未	申	酉	戌
甲	生	沐	冠	祿	刃	衰	病	死	墓	絕	胎	養
丙	絕	胎	養	生	沐	冠	祿	刃	衰	病	死	墓
戊	絕	胎	養	生	沐	冠	祿	刃	衰	病	死	墓
庚	病	死	墓	絕	胎	養	生	沐	冠	祿	刃	衰
壬	祿	刃	衰	病	死	墓	絕	胎	養	生	沐	冠

○五陰干的長生歷程：

	亥	子	丑	寅	卯	辰	巳	午	未	申	酉	戌
乙	死	病	衰	刃	祿	冠	沐	生	養	胎	絕	墓
丁	胎	絕	墓	死	病	衰	刃	祿	冠	沐	生	養
己	胎	絕	墓	死	病	衰	刃	祿	冠	沐	生	養
辛	沐	生	養	胎	絕	墓	死	病	衰	刃	祿	冠
癸	刃	祿	冠	沐	生	養	胎	絕	墓	死	病	衰

2／十神概論

○十神

比肩、劫財、食神、傷官、正財、偏財、正官、七殺、正印、偏印

○十神相生

比肩生傷官、傷官生偏財、偏財生正官、正官生偏印、偏印生劫財、劫財生食神、食神生正財、正財生七殺、七殺生正印、正印生比肩

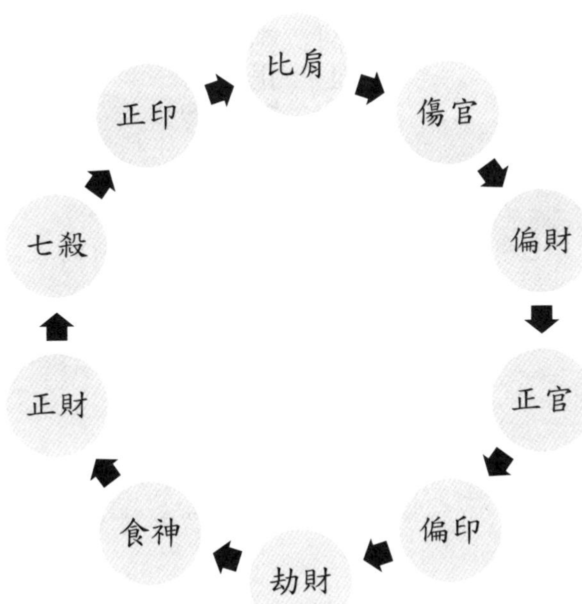

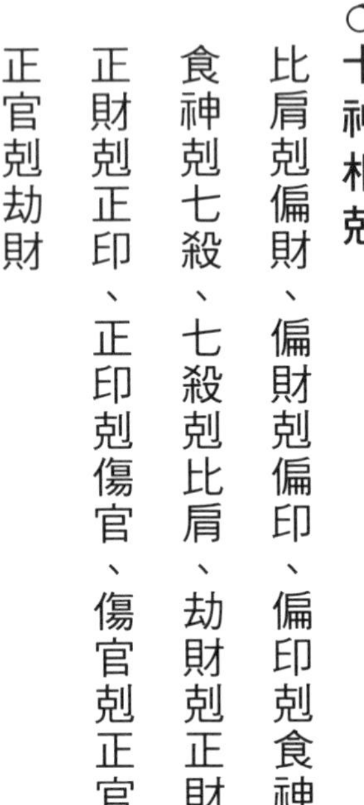

○十神相剋

比肩剋偏財、偏財剋偏印、偏印剋食神、食神剋七殺、七殺剋比肩、劫財剋正財、正財剋正印、正印剋傷官、傷官剋正官、正官剋劫財

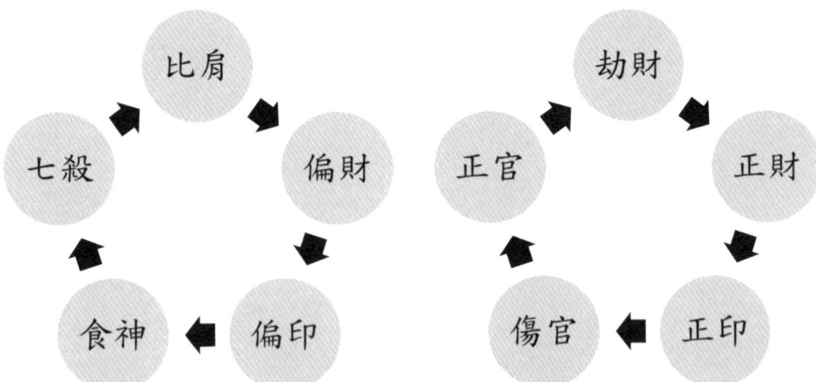

○正印的心性

正印全力生助比肩，所以可以知道正印樂於助人，喜歡教導別人，幫助別人瞭解一些不懂的東西；正印也可以代表老師和貴人，有點類似佛菩薩，擁有崇高的情操，與世無爭，默默的幫助護佑眾生，正印也代表宗教的信仰和緣份。

正印個性恬淡，有榮譽感，身上經常透出高尚的氣質，這樣的人當然是受人尊敬的，所以正印也可以代表一個人的名聲、名望，一種良善的美名。

正印可以有效的洩化七殺，所以正印不但保護別人，同時也保護自己，一生不容易碰到兇災橫禍，一般常說好人有好報，這就是正印的最佳寫照。

但是，正印過重就會有不夠積極，優柔寡斷的情形，想的很多，理想很高，可是卻缺少實踐的魄力，無法剋期完成內心的規劃，這是正印美中不足的地方。

○偏印的心性

偏印有幾個特質，首先是洩化正官，所以偏印不喜歡管人，也不喜歡被管，但是不管什麼樣的團體都一定需要管理才能夠正常的運作，所以偏印不適應生活在團體裏面，喜歡孤獨離群。

偏印生劫財，劫財是八字主人的陰暗面，所以偏印重的人容易有負面、憂鬱的傾向，在情緒上要找到適當宣洩的管道，這點極為重要。

偏印剋制食神，讓一個人的智慧才華受到壓抑和扭曲，往往會朝一般人難以理解的偏門去發展，對星象五術感到興趣，但是不適應正統的學校教育。偏印剋制食神，也讓一個人的言語表達、社交生活受到壓抑。

偏印擁有獨立思考、深度思考的能力，專精但不廣泛，由於沈浸在某些特殊領域，所以對周遭生活、環境變化等較不敏銳也不關心，很多高科技人才都有偏印喔。

❍比肩的心性

比肩與日主陰陽屬性完全相同，它代表自我、自尊，也代表固執不知變通，具有高度的對等意識，比肩強旺的人認為，我付出多少你也應該付出多少，這樣才算公平不會吃虧。

比肩是勞動之星，擁有非常充沛的體能，經常要透過運動的方式來發洩多餘的體力。比肩強旺，如果沒有代表智慧才華的食神傷官，那就只能以勞力的方式求財，經常會到工廠去工作了。

比肩剋制偏財，所以比肩強旺的男生比較有家庭關念，不會隨便惹上婚外情，但是老婆要忍受他的堅持、固執、難以溝通這一環了。

❍劫財的心性

劫財是日主的陰暗面，太陽照過來，照得到的地方叫比肩，照不到的地方就叫劫財，所以劫財的人有雙重性格，在團體中善於觀察風向趨勢，可以隱藏自己去附和多數的主流意見和看法，具有很高的察言觀色和隨機應變能力。

劫財是一種暴發、暴衝的力量，但就持久力而言，就不如比肩了，所以劫財之人，不畏懼陌生的環境，適合去做開發的工作，很多的外交家到他邦異地，為國家爭取利益，都具有劫財的性格喔！

劫財剋制正財，是一個很重要的特質，正財是一個男生的太太，婚姻宮坐劫財的男生，喜歡控制老婆，甚至於會打老婆，平常不喜歡待在家中，經常往外跑，整天和朋友待在一起，久而久之，對太太的身體和精神，均會造成極大的壓力，可能不是女生結婚的好對象了。

○食神的心性

食神是八字主人穩定的輸出系統，所謂輸出系統指的是智慧才華、感情流露、排泄物⋯等有形和無形的輸出，所以食神可以代表擅能讀書考試，也代表職場工作的表現。由於排泄正常順暢，所以也代表食福，但食福太好仍然要注意發胖的問題。

食神可以剋制七殺，所以食神強旺的人不怕突如其來的兇暴攻擊，他能夠淡定平和的應付；劫財是八字主人的陰暗面，食神可以有效的洩化劫財，有食神洩化劫財的人必定是性情中人，喜怒哀樂全寫在臉上，不會隱藏自己。

食神是一顆藝術之星，電影名星臉上豐富動人的表情、小說家筆下深入細膩的描述，都屬於食神所代表的範圍。

食神可以生正財，食神強旺的人適合從事較為靜態的職業，例如文案設計、網路行銷或文市的店面生意，獲取穩定的財富名利。

❍傷官的心性

傷官是日主所生，由於傷官與日主陰陽屬性不同，所以會全力洩化日主，傷官過重，反應很快，是個大嘴巴，容易出口傷人，聰明而驕傲，學習能力超強，就是傷官的寫照。

傷官剋制正官，所以傷官之人不喜歡被管，經常會頂撞主管，甚至會違法亂紀，一般說：「傷官見官，為禍百端」，就是這個道理，八字中如果有正印剋制傷官，叫做傷官佩印，就像是一匹千里馬套上了韁繩，既有才華又有理想，是一種很好的格局。

傷官生偏財，喜歡從事投機性交易，喜歡追逐生活享受，男生傷官太重，有豐富的感情生活，見一個愛一個，容易有縱欲的現象。

○正財的心性

正財是一種穩定的財源，是一種固定的收入，所以正財之人經常是吃人頭路或是以穩健的心態經營長期的事業居多。

正財之人花費金錢量入為出，很有財務規劃的觀念，擅於衡量物質的價值，也就是說善於採買；具有高度的酬賞意識，可以依據每個人的付出貢獻多寡給予不同的酬勞。正財過重就會過度節儉而流於吝嗇，輕重之間仍然是以適度為宜。

對一個男生而言，正財是老婆，正印是母親，先天上正財破正印，這就是自古以來婆媳不合的原因，如果在八字當中有此顯象，那麼婆媳問題恐怕在所難免了。

正財生七殺，擁有了財富就容易引來歹徒的覬覦，八字當中有此顯象的人，最忌諱炫耀財富，最好能夠做到財不露白以保平安。

○偏財的心性

偏財是一種不穩定性的財源，所謂三年不開張，開張吃三年，就是偏財的寫照。偏財之人多半自行創業，或從事行銷業務，低薪但有高額獎金分潤的工作。

偏財是四方之財，要有充沛的精力去追求，所以偏財之人慷慨豪邁，擅能交際應酬，從另一個角度看，偏才之人花錢不手軟，喜歡追逐享受，流連歡場之中。

偏財對一個男生而言是婚姻外的女人，偏財男生追求女生花樣百出，很有情調，很容易讓女生感動，所以偏財重的人一生女人和金錢大起大落，有非常戲劇化的展現。

偏財生正官，古時候叫捐資出仕，就是拿錢買官做，在現代則是善於運用金錢驅使別人為自己辦事，進而達到自己的目的。

○七殺的心性

七殺類似軍警、監獄、法院等機構具有高壓強制的意涵，當然也可以類似凶猛暴徒，具有直接攻身的意涵，所以七殺之人執行力很強，有洞察力、有直覺、有威權，是天生的領導人才。

七殺過重，則容易流於狐疑猜忌，心胸狹窄，患得患失，身邊小人不斷，經常攻擊別人也經常被人攻擊；日主元神衰頹，年柱七殺天透地藏，很可能一生下來就帶有殘疾。

有正印洩化七殺，則該人有威權又有理想，經常成為行政體系的主管；有食神剋制七殺，則有智慧又有執行力，經常是學術研究機構的領導者。

七殺過重洩化正財，則生活上莫名奇妙的開銷很大，難以存下豐厚的財富。

七殺之人勇於承擔風險，格局不好或行運不好時，就變成鋌而走險，老闆任用部屬時宜特別留意。

七殺是女生婚姻外的情人，一個女生七殺早透天干（出現在年柱天干），早熟並且容易受到異性的傷害，為人父母者宜多留意。

○正官的心性

正官顧名思義就知道它是一顆穩定的正星，正官強旺有力，做事循規蹈矩，不喜遊走偏鋒，富有管理能力，善於訂定律法規則，讓多數人遵循，所以正官之人在職場容易得到拔擢，也容易得到部屬的敬重。

正官如果過多，則反成為忌神，過度拘泥於小節，經常被一些繁瑣的規定束縛，讓生活變得壓力沈重而不知如何是好，女生如果正官過多，對異性具有強大的吸引力，但卻用情不專，無法從一而終，如果格局低下者，甚至有可能墮入風塵，成為酒國名花。